青壺居賞玩

曹德华◎著

安徽师范大学出版社
ANHUI NORMAL UNIVERSITY PRESS
·芜湖·

图书在版编目(CIP)数据

百壶居赏玩 / 曹德华著. — 芜湖:安徽师范大学出版社,2020.9
ISBN 978-7-5676-4618-6

Ⅰ.①百… Ⅱ.①曹… Ⅲ.①历史文物—艺术品—鉴赏—中国 Ⅳ.①K854.2

中国版本图书馆CIP数据核字(2020)第158150号

百壶居赏玩

曹德华◎著

责任编辑:郭行洲　　封面题签:杨仁恺
责任校对:房国贵　　封底篆刻:葛文德
装帧设计:丁奕奕　　本书摄影:红　豆
责任印制:桑国磊
出版发行:安徽师范大学出版社
芜湖市九华南路189号安徽师范大学花津校区
网　　址:http://www.ahnupress.com/
发 行 部:0553-3883578　5910327　5910310(传真)
印　　刷:浙江新华数码印务有限公司
版　　次:2020年9月第1版
印　　次:2020年9月第1次印刷
规　　格:787 mm × 1092 mm　1/16
印　　张:14
字　　数:220千字
书　　号:ISBN 978-7-5676-4618-6
定　　价:120.00元

一杯天地小　百壶纳百川(自序)

文学是一门创作的艺术，古玩则是一种收藏的艺术，藏品中所蕴含的历史文化和艺术审美，从某种角度和意义上来说也是一种再创作。青年时对诗歌和文学的热爱，激发了我对古玩艺术的喜好，这也让我在熙攘而孤寒的收藏之路上少走了不少弯路。

2004年岁末，年届九旬的文博大师杨仁恺先生来芜湖，当他看到我收藏的历朝历代的茶壶、酒壶已有数百件之巨时，感叹说："不容易啊，这些都是历史的见证和文物。"并欣然为我题写了"百壶居赏玩"。杨老的话一直鼓励鞭策着我，年复一年地探寻、积累和研究，希望将来有一天能将这些藏品结集出版，让更多的藏友和读者欣赏到它们，并最终将这些宝物存放在一个属于它们的栖所——"百壶居艺术馆"中，向更多的参观者展示中华的历史文化和文明。

本书的赏玩主要是"壶具"和"文玩"两大类。我国"壶"字最早出现在出土的商周容器上，《周礼》云："壶，盛水器也""壶，酒器也"，说明壶在古时就是一种盛放水、酒等液体的器物。陶壶早在新石器时代就已出现，这与当初人类已开始了定居生活相关。目前已发现的古陶壶有：仰韶文化的双联彩陶壶、良渚文化的高颈贯耳壶、龙山文化的原始瓷壶和汉代的双耳盘口壶等。

壶从它诞生的那天起就与人们的生活方式不可分割。人们饮食中的饮具和食具，因生活的需要，材质的类别也有所不同，可分为陶器、青铜器和瓷器等。先民们在原始部落生活中，无意发现了泥土、水和火三者的联系，这也注定了陶器在很长的一段时间成了先祖们的主要生活用具。然而，随着茶酒文化的兴起和不同层次先民生活质量的变化，原始瓷在商周和春秋战国时期应运而生。从出土的商周和春秋战国考古发掘中，陶器、青铜器、原始瓷等生活用具和法器开始逐渐延伸和普及。

任何壶的工艺特色都是在其社会背景下随着手工业的发展而逐渐形成的。从殷商的青铜器盉、觥和提梁卣，魏晋至唐宋的鸡首壶、凤冠壶和单色釉壶，元明清的僧帽壶、青花壶和各类粉彩瓷壶，都铭刻出那个年代的王权、宗教、人文和民俗的印记。成熟的瓷器主要出现于魏晋时期，其中东晋越窑烧制的青瓷鸡首壶和德清窑烧制的黑釉盘口壶，可视为那时瓷壶中的经典代表作。唐代北方的邢窑光亮清白、胎质细腻、釉色纯正，与南方质地细腻、通体青釉、光洁莹润的越窑形成"南青北白"的格局。唐代的长沙窑首创釉下彩绘，胎呈青灰，少量呈黄褐，这是胎中铁的含量趋高。宋代制瓷业达到巅峰状态，出现了"汝、官、哥、钧、定"五大名窑，以及建窑、磁州窑、吉州窑、耀州窑等较多知名窑系。

一些壶具上注入了不同时期和地域的纹饰与绘画风格的人文元素，体现了各个时代不同的文化信息和审美趣味。其表现手法也丰富多彩——陶刻、铜铸、瓷绘、紫砂和色釉，生动地展示了深厚的民俗文化意蕴和审美价值，使原本生活的壶具蕴涵了文化的品质和浓郁的人文气息，成为历代文人清赏怡情的珍玩。许多祈吉纳福、辟邪镇恶、功名利禄、富贵长寿的图案，成为不同时期人们美好的憧憬和追求，晚清至民国时谐音寓吉的民俗风格，以及一批文人雅士寄情山水人文的浅绛彩壶，更是将这一时期的瓷壶推向了极致。综观陶壶、铜壶、银壶、瓷壶、紫砂壶等不同材质的壶，从壶的造型、纹饰、绘画、刻塑等技法，无不植入了传统的中华文化精髓，成为历代文人雅士案头的清玩。为了让读者更系统和直观地了解壶的发展历史，本书按年代的前后顺序遴选出一百把不同历史时期的代表藏品，翔实地介绍了每把壶的年代、窑口和地域文化背景及其艺术特色。每把壶一图一文对照解说，既让读者从不同年代壶的器形、胎质、釉色、底足、款识和绘写风格上鉴别差异和真伪，同时也能让藏友寓乐于藏，了解到不同时代、地域的文化元素、审美情趣和审美价值。

中国是世界四大文明古国，在星河浩瀚的文化长河里，"文玩"是清末民初涌现出的一颗璀璨的明星，从皇宫豪门、权贵府第逐渐走向文人雅士和庶民百姓的视线，正如旧时王谢堂前"燕"，飞入寻常百姓家。"文玩"早已打破昔日狭义"文房四宝"概念，除了笔墨纸砚四宝外，像水盂、笔洗、砚滴、墨床、臂搁、笔筒、印章、香炉等文人书房中的用品和摆设都属"文玩"范畴。"文玩"这种中国特有的书斋文化，集实用性与观赏性于一身，加上历代文人墨客的钟爱和参与，使原本实用器上寄托了高雅的艺术性和匠心，故而受到越来越多的藏家青睐和喜爱。在“文玩”这个章节，从历代书斋众多的文玩中，按类别同样选出了不同年代和材质的一百件代表藏品，用图文并茂的形式向读者展示琳琅满目的文房艺术，窥探出博大精深的中华文化的一个缩影。一把老壶和古砚，一尊佛像和古印，历经多少文人之手，凝结着他们的心血和故事，沐浴着千百年的香熏祈愿。无数的春秋虽已凋零，但岁月的冷暖静静地蛰伏在它黯淡却温润的包浆里，让时光倒流、往日重现。

记得当年央视《寻宝》栏目专家、著名鉴定家蔡国声先生应邀来芜湖，当时在徽商博物馆，我带去一方珍藏多年的清康熙御赐朱砂墨，请蔡国声先生鉴定。在仔细地端详许久后，蔡老师兴奋地告诉我：这是一方极为难得的佳墨，是康熙皇帝赏赐给“清德堂”主人的（康熙时期江苏巡抚宋荦，号绵津山人）。在场的安徽省收藏家协会副会长、徽商博物馆馆长许苏平和芜湖市收藏协会会长朱志权还问蔡先生，这方御赐的朱砂墨价值几何？蔡先生说这块品相保存完好的“御墨”市场估价至少50万元。随后在征得我同意后，蔡先生让他的助手拍摄了这方“御墨”，说是以后出书时会用着的。因为当年还未流行（本人也不擅长）使用电脑，数年后我请友人在电脑中整理的资料证明，蔡先生当年讲述的文史和该墨的主人完全符合历史的事实，遂对当今中国收藏界“文玩”鉴定的领军人物蔡国声先生更加羡佩。之后，蔡国声先生得知我要出书，还特地为我题写了《百壶居》书名，我也遥祝已年届八旬、在古玩界敢于直言被誉为“包公”的蔡老健康长寿！

当代著名诗人、《诗刊》时任主编叶延滨先生也为我题写了“百壶居”，并撰联相赠：“一杯天地小，百壶纳百川。”是的，一杯酒下肚，还有什么比人的内心和想象更博大呢？历朝历代的百壶，曾沏泡过天下无数的江河山川，正是“有容乃大、无欲则刚”的君子之风啊！选用叶先生送我的这句诗作为本文的标题，是为序。

曹德华

二〇二〇年二月于百壶居

诗兴文心在一壶

——写在《百壶居赏玩》出版之时

我与曹德华兄虽都是从事文字工作的，但我俩却是因收藏而结缘，当年芜湖成立收藏协会，他是发起人之一，我也是参与者之一。后来，在文字上，我欣赏他的诗，他欣赏我的文，我们又成了“互捧”者，当然，这是玩笑话。

我们是朋友！

在中国当代诗坛，提到曹德华知者甚众，在收藏界也是大名鼎鼎。他是在报纸当编辑天天为别人做嫁衣的同时，还在自己的另一片天地：诗歌和收藏中，做出了令人瞩目的成就。身为诗人、收藏家的曹德华，二十世纪八十年代末至今已在《诗刊》《星星诗刊》《诗歌报月刊》《当代诗歌》《文学报》和《中国文化报》等全国百余家报刊发表诗歌等文学作品千余篇（首），作品曾入选《当代中国青年诗选》，一九九七年出版了个人诗集《捂住秋的伤口》广受好评。诗人的内涵奠定了他文人收藏的高品位、高格调和独具审美情趣的收藏特色。近三十年来，曹德华收藏的历代各类壶具及文玩杂件已有数百件之巨，上至西周时的陶壶，下至明、清和民国的瓷壶、铜壶、银壶、锡壶、玉壶、竹木壶和紫砂壶等，其中不乏名人、大家所绘、所制的孤品绝艺；文玩杂件也是琳琅满目，尤以文房用品为大宗。

陶瓷壶艺是我国的传统民间艺术，是艺林的一枝奇葩。传世的陶、瓷壶精品如满天星辰，闪耀在我国陶瓷历史的星河中。历代制壶艺人毕智穷工、技艺绝伦，以中华陶瓷文化特有的气韵，昭示着我们民族的灵秀与辉煌。特别是清代至民国这一时期的壶艺精品，不但具有实用价值，更具有高超的工艺和极高的艺术造诣，在造型、绘画、色彩等方面，充分地体现出中华民族的审美水平，并蕴含有深远的美学意义。

壶在远古的时候本来不是用于煮茶或泡茶的，而是盛水及盛酒的器具。唐代人们开始把喝茶视为风尚，但用的茶具是碗；宋代人斗茶也是喜用敞口的黑釉盏；

直到明代才因为喝茶方法随着制茶技术的进步，茶具而有所改变，兴起的“泡”茶法，取代了“煮”茶，有壶把和壶流、敛口深腹的茶壶，才成为主角。这种转变让品茗嗜茶者在喜欢茶艺之余，同时开始藏玩和欣赏不同种类与形状的茶壶。特别是从清初开始，瓷制茶壶进入了它的高峰期，隽秀尔雅、色彩柔和、纹饰细腻、胎体轻薄、釉面莹润的各色瓷茶壶，均独具一格，成为收藏家们渴求的对象。到了清末和民国，壶式则更为丰富，变化更为多端，特别是像“珠山八友”这样的瓷绘大家和一些文人雅士的加入，更让小小的茶壶不同凡响，产生了一批代表着茶壶纹饰最高成就的作品。

作为中国茶文化中最重要器具之一的茶壶，集实用性与观赏性于一身，具有造型独特、形式多样、品位高雅、美观大方、便于把玩、富有文化内涵等诸多特点，如清代至民国的文人雅玩艺术壶，无不传递出“壶”这种古人智慧结晶的民俗实用品所具有的时代审美意趣，无不蕴涵着那个时代的文化价值观。因此，近几十年来吸引了越来越多的收藏者加入，并出现了一些专门收藏壶艺专题的收藏家。

德华兄就是这一时期成长起来的壶艺收藏大家，“百壶居”也因此而名声响亮。作为诗人收藏家，他在壶艺及文玩收藏中的诗人情怀、文人情结，和他对收藏所追求的高品位、高格调，使他的收藏具有独特的审美情趣，向人们展示的每一件藏品，都浓缩了不同时代的审美取向和社会价值，以及那个时代所特有的人文情怀。因此，“百壶居”藏品由诗人独特内涵奠定了收藏特色。

现为芜湖市收藏协会副会长、芜湖市文化交流协会秘书长的曹德华，已过知天命之年，人生趋于淡定，在他看来，人生的百味，不同的人都能从不同的壶中品味、体悟出来。因此，他一直想筹建“百壶居艺术馆”，将所藏奉献给广大爱好者欣赏，为城市的文化发展做出贡献。

这次德华兄在他多年的收藏中精选壶具一百把、文玩一百件结集为《百壶居赏玩》出版，当我看到该书印样后的感受是：精美图片的呈现，可让读者尽情享受视觉的饕餮盛宴；而他以收藏家的丰富专业知识、以诗人的笔调为每件艺术品所写的赏析文字，则可让读者穿行于三千年的历史之中，我想这本书的价值，或者说这本书最具价值的地方，或即在此。而他夫人才女葛彦在书后的添彩，则让我们艳羡他们伉俪的琴瑟和鸣、夫唱妇随。

最后，我要说一下为什么会来写这篇新书的推介文字，因为，此书的出版我可能算是“始作俑者”。德华兄是一位不事张扬的人，他的低调体现在方方面面，所以，多年前我即撺掇他应该将自己的收藏出版出来，并极力主张要他亲自撰写赏析文字。今天我的“目的”终于达到了，因此，当德华兄邀我写几句的时候，我就“当仁不让”了。

王永林

庚子芒种记于青弋江畔之无尘居中

（作者系安徽省美协理论艺术委员会副主任、安徽省美学学会理事）

目　　录

一、壶　具

二、文玩

一、壶 具

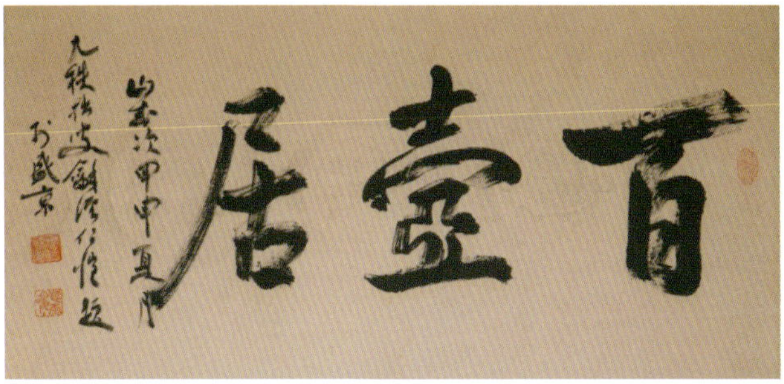

杨仁恺：1915年出生，四川广安人。他是享誉海内外的博物馆学家、书画鉴赏大师、美术史家和文博大师。他与著名鉴赏家徐邦达、谢稚柳、史树青、启功共同担任国家文物鉴定专家委员会委员，负责全国各大博物馆、美术馆、图书馆和文博机构所藏书画的鉴定，编纂完成了中国绘画书法文字图目。杨仁恺对故宫流失国宝做了深入细致的研究，使一大批国宝重放异彩和海归，其中就有被誉为中华第一神品的《清明上河图》等众多国宝级文化遗产数百件，考证拯救的文物不计其数，晚年创立了鉴定学，使其成为一门可以掌握的文化艺术科学体系。因其杰出的贡献，国家授予他“人民鉴赏家”光荣称号，被誉为“国眼”。

1.西周至春秋青釉弦纹盏

从龙山文化发掘的青瓷片可以断定，我国至迟在商代中期就发明了瓷器，这个时期的青釉瓷被公认为是我国最早的瓷器，因而被称作原始瓷。当时的青釉瓷以长江中下游较为发达，釉色呈青黄色，胎质坚硬细腻，叩之有金属声。此盏的内外均施满青釉，内壁涟漪状的弦纹自盏心向四周散发。口沿外撇形成一道自然的圈弧，两端且饰对称的“S”形八卦图纹，显示出距今三千年前的先民们对神灵的膜拜和审美情趣。这是人类迄今发现最古老的瓷质壶具之一，当时的先贤们用此壶具，既可饮酒亦可品茶。

器高4厘米，口径16.6厘米，底径10厘米。

2. 汉代双耳盘口壶

盘口壶，西汉时开始出现，经东汉、魏晋发展，延续至隋唐五代。汉代盘口壶最显著特征是其盘口外凸，陶土坚硬，壶身纹线繁密。如果追溯花瓶的由来，汉代盘口壶毫无疑问是其鼻祖。魏晋之后壶嘴的出现，盘口壶才退出“实用器”成为一种摆设的“花瓶”，装点着人们的生活。当然，盘口壶既可成为人们盛水饮用的茶具，亦可是佐餐盛酒的酒具。盘踞在壶口顶端是一尊张口的小盏，外有两道刻纹，壶颈细瘦，双耳鼓腹下收，胎质坚硬，壶腹外刻有细密的圈纹。

两千年迢迢星汉，它似刚刚出炉一样，依然完好地呈现在我们面前，古朴而端庄，静若处子般向人们诉述着这段久远的传奇。器高25厘米，盘口10厘米，底径7.8厘米。

3.西晋鸡首龙柄壶

据史料记载，瓷质壶具被称作“壶”，应该是魏晋时期。鸡首壶自西晋出现，初期的鸡首壶短小无颈，主要起美观装饰作用，壶嘴并不可注水。本壶嘴短小不可出水，符合上述特征，应为西晋时鸡首壶，东晋鸡首有所加长并可注水。这个时期的壶嘴（长流、注子）已逐渐成为可以出水的实用器，而不是西周和春秋战国年代青铜器和原始瓷上不可“吐水”的装饰龙首等瑞兽口，因此被称为“盉”。此壶沿袭了原始瓷的青釉，釉面上因岁月的浸沁呈自然冰裂纹，壶身布满褐色点彩。鸡首高昂，龙衔盘口沿边，龙身自然弯成执把，两侧系纽平整，鼓腹丰盈，壶底露胎，质地坚朗。

晋瓷是我国陶瓷史上一个分水岭，为随后的唐宋各大窑瓷打下坚实基础。壶高26厘米，盘口8厘米，底径9.5厘米。

4. 东晋提梁壶

越窑青瓷起源于汉魏，产地是浙江的宁绍地区，古称越州。越窑是我国最为著名的青瓷窑系，其釉色类玉似冰，造型丰富精美。虽然它的历史可追溯至商周，但越窑烧出较为成熟的青瓷，应在魏晋，隋唐是其鼎盛期，至北宗后渐趋衰落。在高古的越窑晋瓷壶中，带纽盖的提梁壶鲜为人见。壶盖上是满月状的盖顶，提梁上刻有两条弧纹，与壶腹上下各刻有两条弧纹遥相呼应，底足外凸。整个壶身的釉裂中土沁由内而外，与壶身自然融为一体。

唐代诗人陆龟蒙赞美越窑青瓷："九秋风露越窑开，夺得千峰翠色来。"此壶整个器形朴实无华，外观虽事无工，却有一种无言之美。壶高22厘米，盖口6厘米，底径8厘米。

5. 南北朝四系壶

以壶嘴和执把为中轴，四系自壶口两边匀称对等，从剥釉处可清晰看见胎坯弦纹手工痕迹。因埋于土中干湿不匀，脱釉斑驳自然，沧桑中见凄美。六朝时瓯窑主要分布在浙江永嘉朱涂乡水井湾，瓷胎坚硬，白中略带灰，釉色以淡青为主。南朝时釉色普遍泛黄，胎釉结合不好，易剥落。唐宋后出现纯粹的青色或青黄色，胎釉结合紧密，少有剥釉现象。

壶上凹口中孔只有2.5厘米，应是古人贮存美酒的酒壶。壶高20厘米，壶外口径10厘米，底径12厘米。

6. 隋代席纹壶

隋代历史很短，仅38年，但它的历史地位却十分重要。这期间的壶艺也起到了承上启下的作用，壶形上也有较大的变革，特别是一些不同的形制的壶盖出现，壶形也由瘦高形变身扁胖形，壶身上也出现一些纹饰，“席纹”就是隋代出现的典型特征。绍兴、上虞一带是越窑的发祥地，早在两千多年前，“龙泉窑”就烧制出釉陶和印纹陶，这便是越窑前身。可以说越瓷初始于汉，盛于隋唐，烧制技艺已达纯熟程度。扁腹的壶周身布满丝席纹，盖纽拙朴，盖面外沿内折，执把处随形有两道刻线装饰。这把隋代席纹壶釉面轻薄，色泽淡雅清晰。底胎灰白，均匀坚硬，底足内圈有明显刀削弦纹手工痕迹。

整个器形端庄简洁，典雅大方，远古气息扑面而来。壶高11厘米，口径5厘米，底径5厘米。

7. 唐代长沙窑孔雀绿壶

唐代长沙窑彩瓷主要分为两种：一种是单色釉彩瓷，如铜红釉、孔雀绿。另一种是多彩瓷，并在彩瓷上绘画各种花鸟、人兽和诗文等。唐代人们开始使用釉下彩技法，将铜、铁等金属呈色剂掺入颜料中，其中铜的颜色就是我们今天见到瓷器上的绿色，铁的元素化合成褐色和红色。先在未烧制的坯胎上用毛笔绘画上述颜料，然后再涂抹一层釉水进行烧制，这种釉下彩烧成后增加了美观效果。长沙窑唐代最大的出口瓷，深受西域、东南亚等丝绸之路沿国的普遍喜爱。壶身通釉孔雀绿，在放大镜下看有不规则冰裂纹。八角短嘴，喇叭盘口，执柄与壶肩相搭。丰润的器形透视出大唐包容丰腴的审美情趣，光泽透亮的釉色，沉稳而不轻浮，仿佛将我们又带回到那个“回望长安秀成堆”的盛世。

玲珑小巧的身姿，让人小中见大，浮想联翩。壶高11厘米，口径5.5厘米，底径6厘米。

8.唐代长沙窑凤纹执壶

长沙窑是指唐代铜官窑烧造的瓷窑，始于初唐，盛于中晚唐，衰于五代，距今已有一千多年的历史，是与浙江越窑、河北邢窑齐名的唐代三大名窑。唐代时，瓷器是以单色釉为主，基本是青白两种釉色居主导地位，而长沙窑突破了传统的单色釉，烧成了青釉带褐绿彩三种不同色泽的图纹，故在中国陶瓷史上是一个划时代的里程碑。长沙窑是通过海上丝绸之路较早远销海外的中国瓷器，它鲜艳丰富的色彩和图案也深受海外不同国度民族人们的喜爱。在长沙窑的器物中，一般以花卉、植物图案和诗文居多，将吉祥的龙凤作为图案画在瓷器上并不多见，蕴含着中华传统的文化元素。此件唐代长沙窑壶敞口上沿外撇，八角短嘴，执把自颈部至腹中。壶身两侧各有两条内凹状纹，壶嘴下有一展翅翩舞的绿釉凤，翅羽和尾羽内的褐彩依然可辨识，只是没有绿釉浓艳清晰。凤被古人视为百鸟飞禽的神物，有“百鸟之王”美誉，与龙一起成为中国人心中的祥瑞之物。整个壶形丰腴饱满，内外均施青釉，素丽典雅。

壶底平足无釉，呈青灰色。口径8厘米，底径8.5厘米，高20厘米。

9.唐代瓜棱执壶

洪州窑分布在江西省丰城市，该地古代属洪州，故称洪州窑。以烧青瓷为主，胎色较深，施化妆土，釉色多为褐色。另外还有一种青绿釉瓷，色调偏重，灰青明亮。与唐代陆羽《茶经》描述的“洪州瓷褐”相吻合，属于唐代六大青瓷名窑之一。瓜棱壶身颈处两侧双耳，短嘴宽执柄，其腹部的青黄釉及口沿至肩部划出的连弧纹和圆涡纹、水波纹是洪州窑显著特征，在壶的周身三处瓜棱间有褐色印花图案。釉色米黄略泛青色，双唇壶口和丰腴的壶身都符合这一时期洪州窑的特色。

该壶器形硕大，通高20厘米，口径8.8厘米，底径9厘米。

10. 唐代秘色釉执壶

以前人们提及“秘色瓷”只闻其名不见其物，1987年陕西法门寺轰然倒塌，塔基下出土了所有器物的物账碑，上面的“瓷秘色”碑文令古陶瓷专家眼前一亮。秘色瓷的面纱终于被揭开了，其共性是造型精巧端庄，胎壁薄匀，特别是湖水般淡黄绿色的瓷釉，优雅得令人陶醉。它们原来就是越窑青瓷中的另类，只是从前相逢不相识罢了。该壶身施釉呈秘色瓷，绿釉中微泛黄晕。壶口外撇，壶嘴短小，执把从口沿下方至鼓腹处形成半圆状。壶身自上而下由丰盈逐渐收窄，壶足露胎及底均未施釉。

古拙神秘的色调，透析出繁闹的大唐盛世后的宁静。壶高13厘米，口径6厘米，底径5厘米。

11.唐代宣州窑壶

皖南古代地处吴越，这里生产的陶瓷，无论在工艺、造型、釉彩、装饰等方面，均带有明显的吴越文化特色。宣州窑主要分布在古宣州境内的宣城、郎溪、泾县、宁国等地，大致形成两个窑系：一是沿水阳江流域形成的以东门渡窑、山岗窑、小河口窑、琴溪窑为主的青釉窑；一是以青弋江流域形成的泾县摇头岭、窑峰以及繁昌柯家冲、骆冲窑为主的青白釉窑。宣州窑大多采用当地盛产的红色黏土，器物烧制温度在一千度左右，胎体厚重，胎质中含有大小不等的气泡。此件宣州窑壶属东门渡窑，盘口，短颈，八角短嘴，双系执柄，褐黄色釉挂至鼓腹下部，露胎平底，在放大镜下看釉面布满细小的不规则气泡和“开片”。

底足呈酱褐色，丰盈的壶身体现了唐代的审美情趣。壶高14厘米，口径7厘米，底径7厘米。

12.宋代越窑壶

唐朝和五代是越窑工艺最精湛时期，越窑青瓷与唐代的饮茶饮酒风尚十分密切，其造型和釉色之美，颇受饮者喜爱。越窑在今浙江上虞、余姚、慈溪、宁波等地，自东汉至宋延续千余年，其名最早见于唐代陆羽《茶经》:“越瓷类玉，邢瓷类冰。”与初唐时胎质灰白松绵不同，宋代越窑青瓷胎质细腻，胎壁薄而光泽，釉质腴润透明，较前期以黄为主，后期以青主调。此壶长流直把，敞口下收，在细颈与鼓腹连接处饰有弦纹，两侧各有三道竖纹呈瓜棱状。素雅之颜赢得当时诗人美誉：“圆似月魂堕，轻如云魄起”，以到“臣庶不得用”，成为王宫贵族御用贡品。

亭亭玉立越窑壶，温文尔雅缄千年。在吴越之水中央，她涉水款款而来……壶高22.7厘米，口径9.7厘米，底径7厘米。

13. 宋代繁昌窑壶

繁昌窑创建于五代，兴盛于宋代，衰于元初，曾为南唐宫廷烧制贡瓷。其龙窑是目前国内保存最为完整的一座龙窑，现已成为第五批国家文化保护遗址。审判南京大屠杀主犯谷寿夫的监刑法官、书法家葛召棠先生，在筹备安徽省博物馆时率先发掘了繁昌窑。繁昌窑主要分布在芜湖市繁昌县柯村，又称柯（当地方音“哥”）窑。当地一直流传说“柯窑”哥俩在为皇室烧制的龙床出窑时不慎打碎，他们连夜逃往景德镇，在那发展。后人为纪念这哥俩，当地至今还保留着一条街名“龙亭”街。“柯窑”会不会就是困扰学术界多年的“哥窑”，这些都有待学术界和后人考证。繁昌窑遗址颇多，以柯家村窑面积最大，主要烧制青白釉瓷，白中泛青，釉面莹润，工艺精细。

温润如玉的釉面，色泽青白，长颈圆腹。那自然冰裂的“金丝铁线”，灿若烟花，美不胜收。壶高13厘米，口径7厘米，底径5厘米。

14. 宋代繁昌窑宝珠壶

繁昌窑执壶主要是盛酒器，釉色分为青白和青黄两种，因窑口和黏土不同而有所差异。器型主要有碗、盏、盘、碟、盂、壶等，大多器具不事雕饰，少数器物上饰有工艺纹案。已被学术界公认的《韩熙载夜宴图》中的那把细长高挑的温酒壶，便是繁昌（柯冲）窑为南唐主宫廷烧制的贡品。这件繁昌窑壶风韵依存，修长婷立的外形端重大气，小盘口细颈两侧双耳纤巧，在长流和执把的末端各装饰着七颗和五颗宝珠，优雅而富贵，周身的棱线似美人的裙摆直挂足底。光亮的釉面下绽放出细碎的开片，泛黄的土沁由内而外，形成自然的“金丝铁线”。

壶形高挑，釉面偏黄，胎足细腻。壶高21厘米，口径7厘米，底径6厘米。

15.宋代礼佛军持

壶形独特且保存完整，胎足厚重坚硬，从壶身残存的釉面来看，釉色青中泛黄，应属越窑系列。盖顶共分三层宝塔状，长流直柄，是一种礼佛用的盛水器，又名君迟、群持、净瓶，为云游僧人、佛教徒礼佛前盛水净手器具。源于梵语，约在隋唐从西域传入我国。唐代高僧贾岛诗云："我有军持凭弟子，岳阳溪里汲寒流。"

为便于携带，僧人常在壶盖与壶身间穿绳系挂，此壶在盖与口沿之间有孔佐证了史载所记。可以想见千年前高僧怀揣这尊浓缩成古刹状的净瓶云游四方，人虽已逝，经声犹在：阿弥陀佛！器高13厘米，口径3厘米，底径5厘米。

16.宋代黑釉铁斑锈壶

在宋代，建窑以盛产黑釉闻名遐迩。其特点是胎含铁量高，有“铁胎”之称，胎体厚重，呈黑灰色、紫黑色，胎质坚硬。釉面光亮，莹润如新，虽历经千年，依然完好如初。此壶除铁胎底足外，整个壶身施以黑釉，釉面温润莹亮，壶身两侧的铁斑锈动感十足地流淌着，华美靓丽。这是典型的建窑特征，建窑以产黑瓷著称，唐代开始创烧，鼎盛于宋代，终于清代。北宋时由于“斗茶”需要，烧制了专供宫廷用的御壶和茶盏，在日本和韩国被称作“天目釉”。

壶上口外敞便于注酒，壶嘴直立不宜让酒外溢。壶高16厘米，口径6厘米，底径6厘米。

17. 辽金银錾刻壶

与其说这是一把壶，毋宁说它更像是一顶蒙古包。它向我们展示了那个时代马背上民族的剽悍和草原的游牧情结。由圆顶的塔盖四角帐篷般向下延伸，弧肩而四壁平整，整个壶银质鎏金，除壶底外全壶满工。壶嘴装饰成细长的龙首，在布满花鸟吉祥的图案映衬下，神圣而威严，背面的执柄似龙尾缠绕着喜庆的凤凰，壶的两侧各刻有一条云龙，雕工精湛，令人赞叹。从该壶规整的形制，鬼斧神工錾刻以及龙凤呈祥的寓意，应该是西域某个部落的可汗为其子女的婚嫁礼器。

壶底有四足，壶高 15 厘米，口径 2.5 厘米，底径 6 厘米。

18. 西夏酱釉扁壶

扁壶是西夏瓷器中较常见的器物，这种造型由游牧民族盛水的皮囊演变而来。西夏王朝是与辽、金、元并称的少数民族政权，在遭到成吉思汗武力灭亡时，西夏王朝的文物典籍受到大规模的破坏，西夏历史文化也深埋于岁月的尘埃之中，变得朦胧而神秘。在壶口细颈和底足之间，腹肚圆如满月，腹肩双耳与底足双孔可用绳将扁壶固定在马背或行囊上。扁壶两面分别刻有鱼水纹和极具地域文化的图腾，线条流畅柔美。

值得一提的是，扁壶除底足露胎外，遍身施以酱釉，包浆润厚，应为一件传承流世品而非出土之器，把玩品鉴千年实属不易矣。壶高29厘米，口径8厘米，底径10厘米，腹宽26厘米。

19. 宋末元初湖田窑影青壶

湖田窑相传始建于五代，盛于宋元两朝，止于明代，位于景德镇湖田村。青白釉（影青瓷）是该窑宋末元初时主烧，元代后期以烧卵白釉为主（枢府瓷）。影青瓷薄釉处泛白，积釉处湖水绿，釉面适中处呈青白色，此特征是我们鉴定湖田窑影青瓷的重要依据。该壶形制仍承袭了宋代长流执把瓜棱壶特征，但其壶盖上点缀的花饰和底足浅灰薄胎，展示出元初的审美风格。

周身的土沁嵌于晶体的“开片”之中，与釉面浑然一体，美不胜收。壶底的款字只依稀辨认出“上墩”两字，壶高18厘米，口径6厘米，底径6厘米。

20. 明代永乐葫芦壶

永乐是明成祖朱棣年号，其时国力强盛，胎釉精细，青色浓艳，泽光润厚，器形端庄。这个时期由于烧造温度提高，釉面肥厚、细腻莹润，色调大多白中泛青，接近甜白釉。该壶呈葫芦器形，胎体薄，釉质细腻平滑，釉色白中泛青。盖纽小巧，执把流畅，一釉到底。胎足底无釉，有小块铁色斑，糯米粉状。“甜白瓷”制作精美，其轻盈之态秀美，是前朝白瓷无法媲美的。

葫芦盛酒，自古便是文人雅士的喜好。壶高16厘米，口径2.5厘米，底径6厘米。

21.明代青花军持

明青花器型简洁、画工写意，线条流畅、造型优美，胎质纯、杂质少，釉面肥厚光滑，釉色泛青平净。盘口长颈，弯流（壶嘴）两侧是盛开的莲，弯流下是一个草书“福”字，与其相对应的背面也是一个“福”字，腹肚的左右两边各画了一只吉祥的蝙蝠，寓意“佛”佑四方。军持的内外壁及胎底均施釉，在光滑的釉面上盛水净手，以示对佛的敬重。

底足中心凸出的乳钉，也是明早期的典型特征。高18厘米，口径5厘米，底径7厘米。

22. 明代青花酒壶

由于明代瓷器烧造温度提高，釉面相较元代青白有所减弱，且表面光润无橘皮纹。这把巴掌大小的青花酒壶，小巧玲珑，十分可人。弯流执把，盖面亦绘有几瓣兰花，在壶腹两侧的肩端各绘有一朵兰花。四百多年了，兰香和酒香仿佛还在指间萦绕，沁人心脾。明代的青花釉地色俗称“鸭蛋青”，行内的藏家一眼便能辨出它与清代青花的差异区别。

斯人已去，酒香残存。壶高9厘米，口径4厘米，底径4厘米。

23. 明代四系青花壶

在明青花中很多都用“苏麻离青”钴料，烧造时会有自然的晕散效果，因此在青花烧成后会留下黑疵斑点。此壶平口无颈，叠肩的两侧各有两个圆孔，短嘴朝上直挺，下面画有一朵莲花，壶背无把处也同样画有一朵盛开的莲花。除凹陷很深的足底外，全身釉色青灰淡雅，衬托出莲的高洁、雅韵。

这把外观与无把的军持相似，精致素雅的青花壶应与佛事相关，那轻携它的一定是远离红尘庵里的一双纤纤素手。壶高10厘米，口径4厘米，底径3.5厘米。

24. 明代邵文金紫砂壶

这把扁鼓形的紫砂壶，壶肩有一圈装饰的黄泥鼓钉，壶嘴外撇内单孔，壶底平整无足，底款邵文金制。邵文金为明代万历时宜兴制壶大师，又名亨祥。所制茗壶，为士大夫所喜爱。邵文金、邵文银（亨裕）均为时大彬弟子，邵氏家族制壶可谓名家辈出，清代初期的邵旭茂、邵玉亭；清中晚期的邵大亨、邵友兰、邵二泉、邵春元、邵景南、邵友廷等，邵玉亭、邵友兰、邵二泉还专为宫廷制壶。顾景舟大师的制壶启蒙，即是他的祖母邵氏。其中最著名的当属邵大亨，是继陈鸣远之后的一代宗师。

邵文金与我们所处年代相距甚远，流传作品稀少且弥足珍贵。壶高7厘米，口径6.5厘米，底径7.5厘米。

25. 明万历青花壶

万历青花早期使用回青、蓝中闪紫，后期用石子青，发色灰暗。此件发色灰暗，应为万历晚期，也符合该年代纹饰繁缛的特色。壶盖帽中间写有一个草书“福”字，被两朵莲花相拥，帽沿边是一圈卷草纹。丰肩两侧有圆孔四系，两相对应，各画有两个“弗”和“菱”形纹饰。圆腹四周各画有三个“寿”字和三个口衔铜钱中国结的蝙蝠（福在眼前）。纵观全壶，含“福寿双全”“福在眼前”之吉祥寓意。

此壶硕大，且壶内外均施釉，应为盛酒器皿。壶高30厘米，口径10厘米，底径18厘米。

26.明代铜煮壶

整壶紫铜制作，工艺考究，包浆厚润。在内炉和外壁之间可以盛放酒水，炉膛内添置些许柴木，便可“煮酒论英雄”了。在炉膛下有铁制栅栏可下漏烧完的灰烬，然后从炉膛口处清理。壶嘴盖与炉盖均品相完整，为防止执把烫手，整个把手用细篾条精心地缠包着，老包浆的颜色几乎与紫铜同色，工艺令人叫绝。壶底有四足，有三方刻印：太平府、朱永兴、包用。

“太平府”是明清行政专署名，府治位于今天的当涂县，辖区涵盖现在的芜湖市、马鞍山市等地区。壶高16厘米，炉口5厘米，壶口10厘米，底径8厘米。

27.清康熙珐琅彩紫砂壶

壶盖、嘴、提梁原装包锡，深栗色紫砂泥，润泽光滑。壶身以红、黄、绿等珐琅彩绘画花卉，釉彩凸出，壶腹两侧蓝地色开光圆窗中，用白色勾出清竹，与壶短颈中蓝地白竹相呼应，整个画面和谐统一，具有康熙紫砂珐琅瓷画的典型特征。

康熙中期后宫廷开始尝试在宜兴紫砂茶具上画珐琅彩。据宜兴紫砂史载，宜兴胎珐琅彩是由宜兴提供紫砂素胎，再由宫中造办处画彩烧制而成。壶底款“钱子聚祥”，钱聚祥曾为宫廷画师，“子”是一种尊称。壶高13厘米，口径8厘米，底径9厘米。

28.清康熙青花山水壶

康熙青花以胎釉精细、胎色俏艳著称，早期胎体厚重，中期胎体洁白坚硬，晚期呈青白釉。此件胎体比中期要轻，底足平切，青花呈青白釉，且亮釉居多，符合康熙晚期青花特点。壶腹两侧绘有对称的山水图案，远山近水，亭台楼榭，山石树木，渔舟扬帆，还有在窗中观景的人，一派繁荣热闹的景象。画风粗犷，却细致入微。釉面厚润泛青，圆口、斜肩、深腹、圈足，壶把形似两条相交的螭龙，壶盖面上写有九个篆书的“寿”字。

值得一提的是，该壶身上共有32个锔钉，盛水后依然滴水不漏，可见古代匠人技艺之高超。在当今锔匠工艺近乎失传的时代，此壶更显珍贵。当初壶主人在壶如此残碎之时，依然不舍丢弃，请锔匠精心修复，可见其对该壶的喜爱。壶高15厘米，口径5.5厘米，底径10厘米。

29. 清康熙青花竹兰梅菊壶

此把壶青花胎体洁白坚硬，胎体厚薄适中，底足露胎处光滑细致，呈泥鳅背状，胎釉结合紧密，应为康熙中期的上乘之作。圆顶盖纽，盖面画博古，丰肩周圈有花饰，圆腹四周绘有底根的“竹、兰、梅、菊”，劲折的线条和虚实的点缀，这是康熙时期典型的花卉技法。壶足外沿有一圈莲瓣纹，壶底有“大清康熙年制”六字三行无圈栏楷书官窑纪年款。

全壶白釉底色老沉，青花发色淡雅，此时无色胜有色。壶高 11 厘米，口径 5 厘米，底径 6 厘米。

30.清雍正李青莲壶

如果用苍劲来形容康熙青花瓷特色，那么雍正青花瓷的风格则是俊秀。雍正青花瓷胎体坚实，追求形神俱似，青花分布自然，可见小笔绘画的痕迹。盖面是博古，壶身一面写有李青莲，下面画有身着朝服半卧的诗仙李太白，背倚酒坛、酒壶和书卷。另一面写有“花奠”，下面画有一朵盛开着的莲花，以示对李青莲的敬畏和告慰。唐代大诗人李白，号青莲居士，是伟大的浪漫主义诗人，在长安为官仕途期间，因不满宫廷内斗和谄媚，愤而辞官周游天下。此壶李白身着朝服睁一眼闭一眼，醉眼蒙眬，表达了其对现实的强烈不满：“钟鼓馔玉不足贵，但愿长醉不复醒。古来圣贤皆寂寞，惟有饮者留其名。”底款是雍正朝官窑纪年款：“雍正年制”四字两行，无围栏篆书款。

全壶内外及底均施满釉，地色釉淡雅，人物和书画青花釉色浓郁晶亮。壶高18厘米，口径7.5厘米，底径10厘米。

31.清雍正青花仙鹤壶

国力的雄厚，使得雍正青花瓷品种丰富、艺术精美，无论造型或是瓷器上的纹案，都达到前所未有的高度。壶的周身绘有对称的仙鹤图案，鹤的长足直立，双翅展起正好形成一个圆弧。壶肩与壶足各画有一圈莲瓣纹装饰，线条秀美端庄。地色清淡，青花有多种色调同时并用，在青花线条中加以点染，故有苏泥勃青晕散的效果，而这正体现了雍正青花的特征。

盖面的云龙纹，正好呼应了“闲云野鹤”的文人情怀。壶高12厘米，口径7厘米，底径10厘米。

32.清雍正渔樵耕读壶

这是一把渔樵耕读通景人物山水壶，器形丰满大气。雍正青花具有多种色调同时并用的特点，层次分明，色泽厚重，淡雅清丽，釉色莹润。这把青花壶不仅兼备上述特点，其青花人物、亭台水榭，精细纤巧。从一叶舟帆徐徐展开，樵夫从山坡上担柴而下，远处是点染的山峰，一位荷锄的农夫手牵一头水牛悠闲地从石桥上通过。在银杏、细柳和绿松的环绕下，近处的亭台、房舍与远处层峦叠嶂的群峰组成了一幅精美的山水画，在背山面水结尾处，室内窗口有人读书，室外堤边有人低首垂钓。

该壶底足内外修胎，规整精细。壶高15厘米，口径7.7厘米，底径11厘米。

33. 清乾隆寿桃倒流壶

乾隆是清朝鼎盛时期，在前朝的基础上做工规整精细，同时还吸收了西方艺术精华。在琢器上仿生瓷几可乱真，高超的技艺让仿生瓷惟妙惟肖。壶形似一只寿桃，全壶豆青色，只有“桃尖”处晕散了一块窑变的釉里红色。整个壶釉色肥厚莹润，光可鉴人。此壶机巧的是壶口藏在足底，除足胎圈外，进口内壁均施釉，应为饮酒壶。当酒水从壶底注入后，将壶翻转过来滴酒不漏，饮用时酒可以壶嘴倒出。

寿桃喻长寿，将酒置入其中再细品，儒道之风尽在不言中了。壶高11厘米，口径1.5厘米，底径4.5厘米。

34. 清乾隆青花六方酒壶

乾隆时因国力财力强盛，在瓷器制作上不惜时间和工本，后有“乾隆工”之誉。这把六方青花酒壶，做工规整，画面考究，由六方外套和内置的烫酒圆壶两部分组成。外套六面地色青白，绘有书籍、花瓶、画轴、琴几、香炉等，壶肩一圈是装饰莲纹。提出烫酒壶才发现，壶身四周布满凹陷的竹叶纹，在光线的照射下格外透亮，便于让外套壶中的热水将酒导热。这种儒雅与科学实际的应用，我们不得不为先贤的才智叫绝。该壶六足露胎外，壶底满釉。

乾隆瓷画山水多宗董诰、张宗苍，花鸟多摩蒋廷锡、邹一桂，造型巧妙，胎骨精细，青花釉色沉静，画面华丽多姿。壶高11厘米，口径3厘米，底径9厘米。

35. 清嘉庆杨彭年紫砂壶

杨彭年（1796—1850年），字二泉，号大鹏，主要生活在清代嘉庆年间，是宜兴紫砂壶大师，善制茗壶，其壶既浑朴雅致，亦有精巧玲珑、气韵温文和天然之趣。他还与当时的名人雅士陈鸿寿（曼生）等人合作，镌刻书画，世称“彭年壶”“彭年曼生壶”，对后世影响颇大。该壶身上下直桶，壶盖纽系绳纹双环活扣，嘴把直挺自然，拙朴雅韵。该壶红泥是位于嫩泥矿层底部的泥料，所谓“未触风日之石骨”，矿土呈橙黄色，原矿土细而不含沙质，因而上手极轻。此壶通体包浆淳厚，这类壶通常仅限于杨氏、曼生、邵大亨的作品。

壶底圈足中心位置，有“杨彭年造”款。壶高10厘米，口径7厘米，底径8厘米。

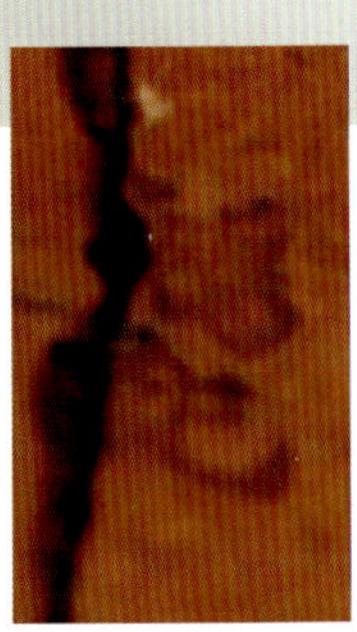

36. 清嘉庆曼生壶

陈鸿寿（1768—1822年），字子恭，号曼生，其壶款曾用曼公、老曼、鸿记等闲印。善制宜兴紫砂壶，人称“曼生壶”，印文方折，刀法大胆率意。其制壶既有诗书画印见功，也有简洁高雅之壶传世。陈鸿寿一扫烦琐粗俗的格调，此壶务求质朴无华的自然形态，将壶身的大片空白留给人们想象的空间，可以说是对前朝宫廷华美趣味的一次叛逆和创新，以其不俗的审美取向，为日后的文人书画合作埋下了伏笔。该壶从壶嘴、壶身到壶把，似行云流水一般光滑莹润，用手轻抚，仿佛婴儿肌肤般光洁柔顺。虽历经百余年沧桑，岁月无痕，风水无声，如一扁舟静静地搁浅在博古架的角落。

在壶盖内有钤印：鸿记。壶高10厘米，口径9厘米，底径7厘米。

37.清嘉庆五彩云龙紫砂壶

最早关于紫砂壶的文字记载，见于北宋诗人梅尧臣《宛陵集》：“小石冷泉留早味，紫泥新品泛春华。”紫砂壶成熟于明代，出现了金沙寺僧、供春、时大彬、徐友泉、邵文金、惠孟臣等一批制壶大师。清代成为紫砂壶的鼎盛时期，紫砂壶的制作造型、绘画工艺都达到前所未有的高度。壶的周身绘满云纹飞龙，龙首与龙尾分置壶身两侧，在祥云中忽隐忽现。龙身呈现红、黄、蓝、白、绿五色，在黑地衬托下格外凝重、威严、矫捷和神不可测。壶盖深凹中间凸出绿色柱纽，与绿色壶嘴、提梁双系，正好在一个中轴上。

壶盖反面、壶身内、壶底均露“大红袍紫砂”，壶底中间是一个由“回”字形围成的四方印章，中间款名：和记。壶高13厘米，口径10厘米，底径11厘米。

38.清嘉庆携琴访友壶

这把嘉庆早期的青花瓷仍延续乾隆时的风格，胎骨还比较精细，但略欠紧密，釉面光润闪青。全壶是一幅携琴访友山水通景图，隐于大山深处的院落，幽静得像一个世外桃源。后面的山腰上主人荷锄归来，院墙的门外正有一位携琴者来访。苍松古柏，满目苍翠，近处亭台山石，远处云峰缭绕，一派静谧祥和的诗画。

釉色青白，青花发色纯正厚实，釉面晕散，色调浓艳。壶高12厘米，口径6厘米，底径10厘米，足胎有火石红痕迹。

39.清嘉庆竹节铜壶

壶身如同粗壮的竹节，盖分内外两层可拆分，盖纽是一块老和田玉，壶把是紫檀木柄，这些都为壶主人揭盖和端壶时以防烫手而细心设计。除壶底是紫铜为了导热快，壶身其余部位均为厚实的白铜。一面画有高士坐在篷舟上垂钓，船后是一片芦苇丛，浩渺的远处是起伏的山峦。另一侧刻有："树老山为枕，池清屋似船。"落款是：一山氏（清代国学大师）。

该壶书画刀功刚劲有力，镌刻流畅。壶高11厘米，大口径12厘米，小口径4.5厘米，底径10厘米。

40.清嘉庆“寿”字青花壶

据史载，嘉庆时制瓷已非景德镇高岭土，而是从星子县开采高岭土，为解决坯胎烧制时塌底问题，只能加厚下部胎体，故嘉庆器物大多上轻下重。在地釉青中泛灰的周身，写有五个细长的“寿”字，意谓长寿。在寿与寿之间绘四个蝙蝠，取意四方有福。在这些字画的上下绘有两圈莲瓣纹，“莲”喻“佛”（谐音福），故有福寿双全之吉。

足胎虽内外兼修中间平复，但已缺少雍乾时期的规整和精致。壶高12厘米，口径7厘米，底径10厘米。

41.清嘉庆六方紫砂壶

这把紫砂壶由六方形外套和里面的提梁圆桶酒壶两部分组成，材质均为紫泥中的“天青泥”，原矿色泽为天青色，烧成后呈现黯肝色（史书上曾认是最好的紫砂泥之一）。壶壳外套六面绘有规整的“回”形纹，古朴、文气、典雅，在外套内盛放适量的开水后，可导热中间直桶壶里的美酒。

外套与中间的直桶壶均为双耳单孔提梁，双耳如意云纹形。壶高10厘米，大口径6厘米，小口径3厘米，底径9厘米。

42.清道光三国人物紫砂壶

壶盖凹面内用绿白红三色绘就一幅画，青松簇拥的城墙，以及从城墙头后面探出的五个人。壶颈白色点缀红色纹饰，壶肩蝙蝠纹和前后双孔提梁耳均为绿色。周身一圈共绘四人，其中两位主将各跨一匹白色战马，一位回弓放箭，另一位举手接箭，两人身后各有一位旗手在摇旗呐喊，似千军万马就要千钧一发。人物表情和姿态，奔腾的骏马和场景栩栩如生，仿佛又将人们带回到那个遥远的三国时代。壶嘴下写有一个篆书的“寿”字，提梁后耳的根部刻有“秀萌”两字。

壶底双线框内有“宜兴紫砂”印款。壶高16厘米，口径11厘米，底径13厘米。

43.清道光青花提梁壶

道光皇帝是清王朝一位崇尚节俭的帝王，加上当时的清政府受西方列强的欺压，故而瓷业也承袭嘉庆衰落的颓势。但与前朝相比，青花瓷算是另类，有的种类甚至还胜过嘉庆。这把壶提梁与壶身烧铸一体，竹节般形成半拱圆状，非常便于提携。壶盖与壶肩均绘有卷叶纹，壶身两侧是对称的被草叶纹簇拥的莲花，釉面是典型的“道光青”发色。

为防止壶盖脱落，此壶盖内沿比正常长出2厘米。壶高13厘米，口径3.3厘米，底径8厘米。

44.清道光银咖啡壶

在西方人眼中，咖啡与茶一样是人们生活必需品。随着鸦片战争国门被打开，西方的一些神父和传教士也大批涌入中国各地。这把产自英格兰谢菲尔德（壶底的英文款）的银壶，也许正是当时英国的一位神父或是传教士带入古埠芜湖（当年全国的五大通商口岸之一）所遗留的，这也给中国的茶文化注入了一丝新鲜的血液。壶身的一侧英译文是：克洛韦利乡村俱乐部。兴许壶主身份决定了自己不能饮酒，而民族文化的差异又不喜品茶，因而只能喝咖啡。其实有玄机的壶把也更加证明了这是一把咖啡壶。此壶把上下连接处各有十个孔洞就是便于散热不烫手，由于这是一把通体纯银的壶，在加热咖啡时壶把不这样处理是无法触摸的。壶盖一边连接着壶身，靠一个活扣固定开启，至今仍纹丝合缝，做工规整，设计精巧，简洁大方。

厚实的壶体上因为氧化的作用，呈现出自然的雪花点，银器上这种岁月的包浆也是造假者望“银”兴叹的。这把银壶重398克，壶高10厘米，口径5厘米，底径7.5厘米。

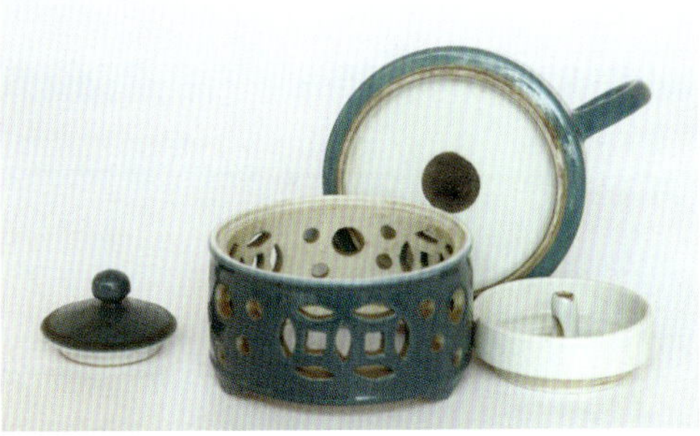

45. 清道光霁蓝釉壶

霁蓝釉又称“祭蓝釉”“霁青釉”，明清时期蓝釉青蓝习称“霁蓝”。色泽深沉，釉面不流不裂，色调浓淡均匀稳定，明亮如宝石。它与白釉、红釉被推为颜色釉三大上品，其工艺承元代传统，鼎盛于明代，终结于清代道光之后。这把壶分为三部分，主体壶全身施霁蓝釉，色釉如宝石般光艳明亮，底足内白釉。第二部分是底座托盘，可将壶置于其上，底座周身是镂空的方孔铜钱图案，既美观又便于散热，底座下面有三足。第三部分是置于底座内的燃油小烛台，小小的文火可使壶内的酒始终保持温热。

壶底中心有直径2厘米的圆凹槽，这种机巧的设计能让壶内的酒导热得更快。壶高15厘米，口径4.5厘米，底径8厘米。

46. 清道光鸭形锡壶

壶形如鸭，栩栩如生。全身由锡精巧制成，双翅外凸，刻满羽毛的纹线。鸭嘴、双目和鸭背上鼓起来的两个乳钉均为黄铜制作，鸭背中间的盖纽是紫檀木。壶底用紫铜制成，是为了便于加温导热壶内的酒，底面刻有“由义堂记”（“由义堂”是六百多年前由苏州迁入的路氏家族的堂号）。

因为长期使用，壶身包浆润厚。当壶主人与“鸭”对饮，那种春江“酒暖”我先知的微醺，或许可以暂时逃避一下现实的纷扰。壶高10厘米，口径3厘米，底径9×6厘米。

47.清道光血珀壶

琥珀共有七类：血珀、金珀、蜜蜡、花珀、虫珀、蓝珀和香珀，其中血珀最为稀有珍贵。古时就有人用血珀泡水喝，颐养身心。这把血珀壶小巧玲珑，灯光照射下呈橘红色，且有橘皮气泡状。除壶嘴下伸出一枝两叶，与壶把的枝节相呼应，全壶素雅，也许是材质珍贵，工匠也不忍心多琢浪费，用它泡茶喝水能怡神养性。琥珀的美是生命的见证，凝结着千百万年的生物能量。据李时珍《本草纲目》记载，琥珀具有安五脏、定魂魄、消淤血，生血、生肌、安胎等功能。

柔润细腻的壶面，涵盖了多少飞逝的岁月。壶高6厘米，口径4.5厘米，底径4厘米。

48.清道光矾红开光壶

壶肩一圈青花如意纹，对应的是下面一圈青花回形纹。在壶身两侧各有一个开光的窗口内，绘有浅绛彩山水，被矾红花卉包裹着，开光的窗口上各画着一只蝙蝠。在葵口形盖纽上，是用红蓝绿三色立体地塑刻着一颗寿桃，因日常提盖纽，原本金色的桃纽上虽只残留着一抹金色的记忆，但却遮盖不住她昔日的辉煌和高贵。

从壶嘴和盖内被茶渣熏黄的釉色看，这把壶的主人曾爱不释手地使用它沏泡品茗。壶高10厘米，口径7厘米，底径8厘米。

49. 清咸丰白描山水壶

盖纽是一朵兰花，写有“一片冰心”。丰肩弧圈以下是一幅通景山水图，绘有钓者归棹，山峦树木，荷锄樵夫，以及茅亭房舍里的读书人，值得一提的是这幅渔樵耕读山水，仅仅是用了浅褐色的淡墨线条勾勒，这在清代的山水瓷画中用白描的艺术手法还十分罕见。通景画的结尾处写有“风日青和”，并没有落款，这也正体现了鸦片战争、太平天国战乱时期，景德镇瓷都十分萧瑟，一些文人只能悄悄地寄情山水，憧憬着人间的世外桃源。

壶底有六个支烧点，中间有红字“官窑内造”款。壶高9厘米，口径4.5厘米，底径7.5厘米。

50.清同治福禄寿壶

除壶嘴和双耳外，壶盖与壶身均呈菊瓣纹状。壶盖上写有“福禄寿”三个字，却巧妙地将这三个字组成了一个有机的整体。壶身一面画有福禄寿三星和一个童子，另一面绘有郭子仪夫妻七十双寿诞图。史书上说夫妻俩共有七子八婿个个为官，前来为父母祝寿，唯六媳李君蕊自恃乃当朝公主不来拜寿。六子郭暖回宫斥妻且怒打公主一巴掌，公主大哭并告父皇，唐皇贤明教训女儿后，非但不降罪郭暖，反为其加冠三级赞其孝道。小夫妻重归于好，并携手同往汾阳府给郭公拜寿赔礼，郭家全府合欢庆贺。

底款为红彩双线框三行竖排“大清同治年制”六字款。壶高12厘米，口径6厘米，底径9厘米。

51.清同治月照妆楼壶

壶身一面绘有梳妆台前的红衣女正在细心化妆，身后有落地插屏，妆台上的化妆盒，身旁的花几和花盆里的“佛手”，以及周围的瓷墩和如意挂饰等。画面上的一只蝙蝠暗示着在有月光的夜晚，正在做出门前准备的女人喜悦的心情。壶身另一面写道：“月照妆楼夜不眠，学梳雪髻尚疑偏。细看镜里徘徊影，重拂鹅黄贴翠钿。”落款是：贤芬仁兄大人正，弟王莲庆。画中女子开眉、目笑，却杏眼无珠，这是典型的同治彩人物“有眼无珠”画法。

壶盖内槽画有暗八仙，底足内是双线框红彩“大清同治年制”六字款。壶高10厘米，口径6厘米，底径11厘米。

52.清同治麒麟送子壶

古代中国民间普遍认为，求拜麒麟可以生育得子。这把同治彩人物盖碗壶，壶的周身绘有麒麟送子图，是寓意吉祥的求子图。壶盖是兰花纽，壶身正面画有骑在麒麟上的仙女怀抱一个婴儿，两旁有一对和合二仙，场面喜庆。整把壶共画了十三个人物，反映了从求子到得子的传奇过程，即民间所传的“麒麟送子”故事。这种盖碗壶又被称作“参壶”，一般是当时达官显贵家里的小姐或贵夫人用来泡人参饮用的。

底款“乾隆年制”是同治年题的前朝款。壶高9厘米，口径10厘米，底径6厘米。

53.清同治石榴盖碗壶

壶身两侧绘有几只石榴，既有完整未切开的，也有剥开半截露出一粒粒晶亮的石榴籽，两边靠近壶嘴处各画了一只蝙蝠，寓意多子多福。盖纽是一个金色的寿桃，盖面也同样画有石榴花果，表示多子多孙和长寿。釉面光洁，胎薄瓷细，通体用矾红，壶肩有一圈如意纹饰。这时期的官窑器制作规范，胎薄釉润，瓷质精细。而民窑器则多不规范，胎厚釉涩，瓷质也粗松。

壶底是双线框“同治年制”四字官窑款。壶高8厘米，口径8厘米，底径6.5厘米。

54.清同治松鹤延年壶

同治粉彩器比同时期民窑青花器价值高，坊间有“一粉彩器顶三青花”之说。壶身一侧绘有松树、仙鹤和正在吃草的梅花鹿，另一面画有在菊花枝头啼秋的小鸟。壶嘴两边写有：“时在甲子年，秋月中院书”两行字，另一面写道：“不受风霜半点侵，试将妙笔写壮心。”

壶底有足，双线框内有红彩“同治”两字款。壶高11厘米，口径5厘米，底径9厘米。

55. 清同治人物盖碗壶

俞筱秋主要生活在清同治和光绪年间，是珠山（景德镇古称）瓷画名家。壶身一侧绘有五人，正在树荫下等待来客晋见，穿戴朝服的主人身后书案上摆放着书籍、花瓶等物品。从周边的侍从和雕栏看一定是官府大院。另一侧写有：茶香留舌本，清味在其中。落款：书于珠山之西轩新安俞筱秋作。盖纽兰花前画有四个人物，另一端写有：香清味永。胎骨洁白，釉面莹润，细笔人物，画工精致。

壶底双线框内写有红彩四字款：同治年制。壶高8厘米，口径10厘米，底径6厘米。

56. 清同治“德舆”款潘壶

潘仕成（1804—1873年），字德畬、德舆，祖籍漳州，世居广州，是晚清享誉朝野的官商巨富。潘仕成的“海山仙馆”中所藏金石、古帖、古籍、古画号称“粤东第一”，他丰足的财力和高超的鉴赏力，能按自己的想法将茶壶玩得风生水起。由于潘氏声名远播，世人遂将他在宜兴定制的紫砂精品称为“潘壶”。在潘壶的三种类别（矮潘、中潘、高潘）中，此把壶腹作扁柿形者，属于“矮潘”壶。本壶在壶盖内有“德舆”款，外框为椭圆形。砂质细腻光洁，润泽无瑕，虽已历经近两百年，用手触抚，好似婴孩肌肤般绵柔光滑。

奇巧的盖纽圆润无褶、提梁挺拔，壶形简练、明快、大气。壶高14厘米，口径7厘米，底径6厘米。

57.清同治胡添茂人物壶

胡添茂是安徽绩溪人，号一刀居士，主要生活在同治光绪年间，与程门同为浅绛彩瓷高手。其人工书善画，诗中有画，画中有诗，诗画融合堪称“清末第一家”。他的瓷画作品在同治光绪年间名噪大江南北，可惜传世品不多，他的同治彩人物和浅绛山水作品大多是精品。这把壶周身用同治彩绘制了两个贵夫人和八个童子在庭院中嬉乐的场景，所有人物都是同治彩典型的人物“有眼无珠”画法。上下青花纹案的装饰，更加突出了这幅长图的典雅和趣味。整个壶身与壶盖均呈暗瓜棱状，盖面是一幅精美的浅绛彩山水。

壶底有红彩双线框“胡添茂造”款。壶高12厘米，口径6厘米，底径10厘米。

58. 清同治焦佩兰山水人物壶

浅绛彩除了在绘画的材料和技法上与粉彩有着明显的不同，浅绛彩艺人都有较高的文化素养，首次将宋元以来的“诗书画印”文人画，用在了瓷画技法上。壶的周身绘画有山石、松木、草亭，一位老翁正在垂钓，路过的樵夫歇担与钓者闲聊，不远处的柳树堤边，鹬蚌正互斗相持不下。画的空白处题款：“问翁何事归来早，懒看沙湖鹬蚌持。焦佩兰作”这幅浅绛彩画作，显示出这位宫廷御窑厂画师非常高超的艺术造诣。焦佩兰是晚清浅绛彩大师，其大部分作品都作于同治和光绪年间。壶嘴、壶把均写有篆书“寿”字，壶身上下用青花回纹、梅花纹和水波纹装饰。盖面也画有水波纹，并写有：渔樵问答，焦佩兰作。

壶底有红彩双线框印章：同治年制。壶高 10 厘米，口径 8 厘米，底径 8 厘米。

59. 清同治青花皮球花壶

皮球花纹最早起源于隋唐的团花纹，盛行于明清两代，有青花、粉彩、斗彩、珐琅彩等。瓷器也因皮球花纹的繁多而名贵，这种在清代被称为绣球纹饰的瓷器受到当时达官贵人和文人雅士的推崇。画面由一些随意散状分布的球形图案组成，球团内有的呈雪花状，也有梅花、菊花、莲花等各种花卉和吉祥寓意的，像一只只皮球滚动在瓷画上。在这把壶身上下装饰的各种青花“皮球花”团纹中，就包含了上述的各种图案，釉面清淡，青花发色莹润晶亮，趣味横生。

壶盖、壶肩等部位还绘有菊瓣、如意等装饰纹。壶高9厘米，口径5厘米，底径9厘米。

60. 清同治佛道吉祥壶

之所以将这把紫砂壶称为吉祥壶，是因为这把壶主人的爷爷曾在吉祥寺做居士所得。叫“佛道”是因为壶的一面刻有“佛光普照”，另一面刻有“仙山得道”，壶盖是道教图腾，壶嘴包锡呈神龟状，且背负一个葫芦，壶尾包锡上刻有一个“寿”字花瓶，壶底包锡是天圆地方图形，意为一壶乾坤。佛语茶有“三德”即醒脑、助神、清心，茶能养生、供佛、释经、祭祀、正心。“吃茶”出自梵语，品茗悟禅礼佛，正所谓禅茶一味。据记载，迄清末民初，芜湖有庙坛52所，寺观138座，其中最著名的北有广济寺，南有普济寺，东有能仁寺，西有吉祥寺（为芜湖最早的，始建于晋代）。故地探访，物非人是，心若寒蝉，庙虽已不在，但镌刻着岁月时光的壶还在，不禁感言：景老庭荒寺宇陋，月下暗香孤梅瘦。一壶在手知冷暖，三宝铭心无事求。

壶底有方四字款刻印，可惜已模糊难以辨认。壶高17厘米，口径9厘米，底径9厘米。

61. 清同治麻姑献寿刻瓷壶

麻姑又称寿仙娘娘，民间信仰的女神，属于道教人物。壶的一面刻有策杖的老寿星，两边分立着麻姑和童子，人物形象鲜活，动感十足。真正意义上刻瓷始于清初，鼎盛于同治和光绪年间，尤其在扬州一批刻瓷者以刀代笔，在白瓷上镌刻山水、人物、花鸟等，黑白分明的流畅线条，很有沉静素雅的艺术视觉效果。一面刻有“清香味永”，壶肩和盖纽上也刻有兰草花叶。

壶高 13 厘米，口径 5 厘米，底径 10 厘米。

62. 清同治无双谱壶

《无双谱》刊刻于清康熙三十三年（1694年），绘者从汉至宋挑选了40位广为称道的名人，如项羽、苏武、武则天、李白等，并在人像旁题诗文。由于这些人物事迹盖世无双，故此图册称为《无双谱》。自康熙朝起，无双谱人物便成为瓷器上常见的主角，至道光、同治间一直盛行，因其图文并茂，深受藏家喜爱。这把暗纹瓜棱壶的两侧分别绘有女皇（武则天）和秋公，并题有“武墨”和“神仙骨”，且各赋有一段诗文。

所画人物形制和色彩均为同治时期的典型特征，底款“泰恒昌号”也是活跃在同治、光绪两朝的清晚期商号。壶高9厘米，口径4厘米，底径7厘米。

63.清光绪如意壶

浅绛彩在瓷画上题诗作画、署名落款并钤印，这在中国陶瓷史上是一种创举。浅绛彩瓷画主要出现在清晚期至民国早期，追求的是施彩浅淡、画境幽远的艺术风格。壶形似如意，一面用浅绛彩画有一位老翁正在端详手中的灵芝（古时寓如意）。另一面书有：静向岩峡频自娱，嗅得清香入仙群。壬辰（1892年）夏月，仿瓯香馆法，于珠山之逸琴轩，柏林画。

壶底有四足，盖纽是一个蹲跪的童子，双手捧一个灵芝（如意），意谓祝寿，与画面呼应。壶高12厘米，口径3×4.5厘米，底径8×10厘米。

64. 清光绪松鹤壶

壶身一侧绘有古松、嶙石、仙鹤和牡丹，寓意长命、富贵。另一侧写有：雪羽横千里，霜毛鸣九皋。壬辰（1892年）春月客次之西轩，子玉氏（宫廷画师）作。釉面光洁如玉，画工精细典雅，书法恣意流畅，诗文旷达传情。壶底“官窑内造”四字款，也向人们传递出走出鸟笼的御窑画师“羽横千里鸣九皋”的放眼九州心态。

兰花盖纽上写有“一茶清味”。壶高9厘米，口径4.5厘米，底径6厘米。

65.清光绪徐善琴山水壶

徐善琴，名韵仙，字善琴，号长庚，光绪年间浅绛彩大师。名款有徐善琴、韵仙、长庚氏等，轩室名有长庚室、松竹轩。他擅画山水、人物和花鸟，包括诗书无一不精。这把盖碗壶一面绘有浅绛彩山水，远峰近峦，山石树林，渔舟村舍，华美滋润而清雅。深厚的笔墨功力，让他笔下的树木和村舍赋予生机气韵，尤其是焦墨皴法的山石，大笔开阖有质感，被后人广为称道。壶的另一面写有：雾眠两岸清。乙未仲春月，写于昌江珠山客次，长庚氏。壶盖也是一幅浅绛彩山水，并题：仿云林画法。

壶底双线框四字款：同治年制，应为光绪年题前朝款。壶高9厘米，口径10厘米，底径6厘米。

66.清光绪雷光亨六方酒壶

晚清浅绛彩瓷画艺术受到元代黄公望、明代董其昌和清初“四王”（王时敏、王鉴、王翚、王原祁）等人的影响，不但模仿浅绛山水用色，还追求文人画淡抹轻染的色调，不同以往粉彩那样浓墨艳丽，而追求淡雅、清丽的文人气息。浅绛彩瓷画主要出在清同治和光绪年间，宣统后逐渐走向衰落，民国二十五年（1936年）后基本退出历史舞台。雷光亨是清晚期一位浅绛彩瓷画大师，是继程门、金品卿、王少维之后，与徐善琴、焦佩兰、松石、任焕章、朱少泉、马庆云、汪照藜等人享誉晚清的一流浅绛彩瓷画大师。这把酒壶由六方外套和圆桶烫酒壶两部分组成，外套呈六面，壶嘴一面写有：万事不如抷尘手。时在丙申（1896年）初夏，雷光亨作。背面写道：诗书本是儒生业，昼里丹青仔细看，丙申初夏。壶身两侧，每两面分别绘有一幅浅绛山水、一幅人物画，意境高远，格调高雅。没骨山水色淡清丽，诗意盎然。人物在读书之余放眼观景，身旁的茶壶和书籍，似乎在厚积着他的人生理想等待薄发之时。

壶底有六足，并有双线框“义丰亨造”款。壶高12厘米，口径3厘米，底径9厘米。

67.清光绪青花九狮壶

与前朝相比，光绪时期的制瓷工艺出现了一个“回光返照”现象，制作了一批精美之作，胎质细腻、地釉白润，青花发色纯正。上古传说龙生九子，其一是貔貅，只吃不拉，寓意财源广进。狮子本身具有威严和权力的象征，民间取其祥瑞之兆，又加入了喜庆、祥和与镇邪守护之意。狮子在佛教中作为智慧的化身，具有护法护教、辟邪消灾的功能。这把壶周身共绘有九头狮子，其中三个狮子在滚绣球喻进宝纳吉，四海升平，万国咸宁，“九狮图”表达了家庭兴旺、富裕吉祥的美好寓意。

壶盖和壶身几乎绘满了如意云纹，壶嘴写长长的篆书“寿”字，谐喻长寿。壶高18厘米，口径10厘米，底径17厘米。

68.清光绪青花山水壶

这种类似盖碗，只是多出壶嘴、壶把的壶，一般都是过去达官显贵的大户人家用来泡参（因为口大便于取放），故又被称作参壶。壶的周身绘有起伏的山峦和树木，近处有停泊在柳树旁的篷舟，也有在茅亭泽畔垂钓的老翁，隐落在半山腰的瓦舍充满了诗意的生活气息。硕大的壶盖则是一幅团景山水画，显示出画家高超的构图谋略。青花墨色枯、浓、干、湿、淡五色分明，这种精湛的驾驭笔墨的能力不是一般画匠所能呈现的。虽然画家没有留下名款，但他这种淡泊名利的意境，却无法抹去人们对他的景仰。

灰白的釉面和质感的青花发色，以及内撇的足胎，都体现了光绪青花瓷的特征。壶高9厘米，口径10厘米，底径8厘米。

69.清光绪墨兰壶

外形酷似井栏，而井栏的一边画着绽放了几朵兰花的兰草，在素雅的白瓷上恣意地盛开着。兰草喜荫好静，谦逊不张扬，历来为君子称道并自喻。作者巧妙地将兰草与井栏置放联想在一起，有一泓清泉相守，有一缕清风相牵，有一弯新月相随，有一壶香茗相伴。另一面写有：镇波内兄大人赏鉴，两游江右为何因，因恐兰花写未真，笔瀚鄱湖清着墨，赠君半颗补陶瓶。己亥（1899年）夏静轩弟方刚并吟。盖纽是一朵兰花，写有：涤烦悦志。

壶底有“官窑内造”款。壶高10厘米，口径4厘米，底径8厘米。

70.清光绪松石六方酒壶

程松石是光绪年间一位非常有艺术造诣的浅绛彩瓷绘大家，名启诰，号松道人，斋名“云烟阁”，安徽黟县人。其作品多以花鸟为主，尤擅画山水，兼人物工书法，常署名松石。说其艺术造诣深，主要体现在他的瓷画中诗书画印全面的功力，而非一般艺人所能达也。壶外套六面三幅画三幅字：一幅浅绛山水、一幅博古、一幅花鸟。三幅字分别写有：能逸我情，庚子（1900年）新秋，淮彬仁兄大人正之，松石写。叔师父作尊，鼎其永宝用。永建元年朱提造，松石摹古。印章文：松道人。壶肩上写有：大吉利，宜子孙。外套内的烫酒壶亦绘有花卉并题款，壶盖上落款：松石。

壶底有六足，壶高12厘米，口径3厘米，底径9厘米。

71.清光绪汪友棠六方酒壶

汪友棠（汪棣），字柳村，安徽黟县人，室名“修竹轩”。浅绛彩鼻祖程门弟子，擅画山水、花鸟、人物，其艺术创作主要活跃在清光绪至民国早期。他虽学程门，却与其师清苍的风格迥异，博采众长，水平达到了崭新的高超境界。这把六方酒壶周身一幅浅绛彩通景山水：远处青山如黛，绿树葱茏，房舍在林木掩映下一派田园风光。近处有两人在小河边促膝雅叙，不远处船夫正划着小舟送一位客人赶来参加他们的茶聚。画的左上方题有：柳村氏。在这幅通景连接处的一面写有：时属辛丑（1901年）秋月，仿石田老人笔法，汪友棠作。除壶底外，上下均为青花装饰图纹。

壶底有六足，里面的烫酒壶有三足。壶高13厘米，口径3厘米，底径9.5厘米。

72. 清光绪雷子衡花鸟壶

雷子衡是晚清浅绛彩瓷绘名家，其作品创作主要在清末民初。喜画浅绛彩瓷绘花鸟和山水，笔力雄健，色彩华美，流世作品稀少。这是一把盖碗参壶，器形小巧，只能是夫人或小姐手中的尤物。壶身一侧画了一只啼鸟站立在桃枝上，面前是一朵被绿叶簇拥的牡丹。另一侧写有：花鸟同春，时在壬寅（1902年）初秋，雷子衡作。兰花纽盖上也同样画了绽放的牡丹和桃红叶绿，在盖的边沿和壶肩画有两圈青花装饰纹。

底款是“光绪年制”。壶高6厘米，口径8厘米，底径5厘米。

73.清光绪徐善琴六方仕女壶

作为清晚期浅绛彩瓷绘大师，徐善琴可谓是一位多才多艺的高手，能诗会画，人物、山水、花鸟样样精通，尤其是他画的仕女图颇为后人称道。这把六方酒壶的外套，四面画了“思春图”：一位怀春的妙龄少女伏在一块石头上，身后是一棵苍遒的老松，园后围扎的栏杆表明了这个庭院的女主人大家闺秀的身份。另两面写道：云想衣裳花想容，癸卯（1903年）之秋月，徐善琴作。

壶底有六足，双线红彩框内“同治年制”款，应为光绪年题的前朝款。壶高12厘米，口径3厘米，底径9厘米。

74. 清光绪马庆云人物壶

清晚期浅绛彩瓷绘大家马庆云，其艺术创作主要活跃于同治、光绪年间，擅长人物瓷画，大头脸（民间俗称猪头脸）、小身躯，人物的服饰和脸部具有晕染的水墨画写意效果。壶的一面是李白靠在案几上独自举杯饮酒，身旁置放着一些文房用具和盆景。大头脸，绯红脸颊，简洁的线条衣袂稍加晕染，一幅文人水墨写意画。另一面行书写道：太白斗酒诗百篇，长安市上酒家眠。岁甲辰（1904年）冬月，春波仁兄大人雅玩，庆云作。壶盖则是一幅浅绛花卉，墨彩与壶身人物画相呼应。

壶底印文：庆云书画。壶高9厘米，口径7厘米，底径7厘米。

75.清光绪梅兰竹菊盖碗壶

这把壶的壶身两侧，分别绘有“梅兰”和“竹菊”，单色勾边，精工细致。兰花盖面画有“梅花”和“兰草”，一只蜻蜓由远而近，预示着春天的来临。整个壶面的白瓷上，仅有这一种单色矾红和细笔线条，典雅而清丽。娇小的壶身正好一手握在掌中，玲珑得让人爱不释手。

壶底有双线红彩框“光绪年制”，这是一把光绪本朝年的参壶。壶高7厘米，口径7.5厘米，底径5厘米。

76. 清光绪广彩人物壶

广彩是广州地区釉上彩瓷艺术的简称，亦称“广东彩”“广州织金彩瓷”。广彩以构图缜密、色彩浓艳、金碧辉煌为特色，犹如万缕金丝织玉帛。始于明代的广三彩，到清代发展为五彩，至今已有四百年的历史。该壶以红、黄、绿、黑、金五彩为主色，“彩笔为针，丹青作线，纵横交织针针见，不需缎锦绣春图，春花飞上银瓷面”。除壶嘴、壶底外，壶身、壶盖施满五彩，在花团锦簇中，穿插着西厢记人物故事和鸳鸯、蝴蝶、彩鸟等，吉祥、富贵、喜庆。这种吸收了民间艺术和外来艺术的广彩人物壶，更具有时代特色，画面中的东方故事和西方视觉审美，使得广彩在当时的出口瓷中独具魅力，颇受欧洲人喜爱。

壶底有一红彩款：CHINA。壶高 14 厘米，口径 6.5 厘米，底径 10 厘米。

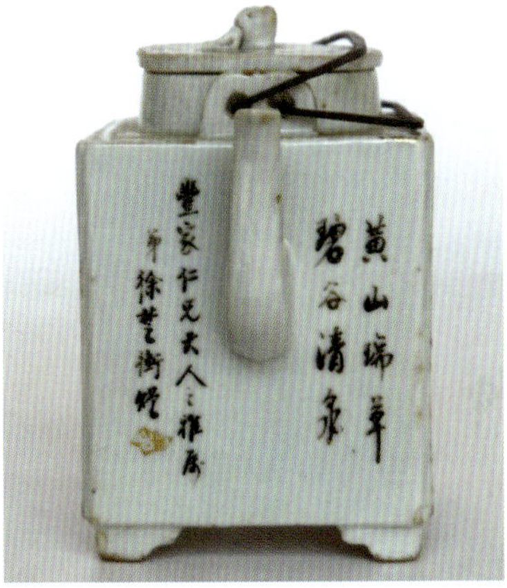

77. 清光绪汪照藜四方壶

汪照藜，古徽州人，字筱青、子清，清晚期浅绛彩瓷绘大师，艺术创作主要在清末民初。山水、花鸟、人物无所不精，因其艺术功力为世人称道名声远播，他的瓷画作品仿品也较多。这是一把四方茶壶，一方人物，一方佛手石榴花卉，另一方青花釉里红山水画上题道：门径偏清溪，岁己酉冬，汪照藜作。壶嘴一方题有：黄山瑞草，碧谷清泉。丰家仁兄大人之雅属，弟徐芝衡赠。兰花纽盖下是一只镂空的滤茶杯，双孔提耳。

壶底有四足，中间有四字款：裕生督造。壶高13厘米，口径5.5厘米，底径8厘米。

78. 清光绪三娘教子刻瓷壶

“三娘教子”取材于明代山西一位叫薛广的儒生故事，他共娶了三房妻妾，妻子张氏为人跋扈，二房刘氏尖酸刻薄，三房王氏名春娥，贤良敦厚。这三人只有刘氏生了一个叫薛倚的男孩，刘氏常和张氏一同欺负三娘春娥，三娘知书达礼，对两人谦和忍让，因此深得薛广宠爱敬重。后来误传薛广客死他乡，刘、张两人均改嫁他人，唯有三娘不忘夫妻恩情，并抚育薛广和刘氏生下的儿子，遍尝人世艰辛。多年以后，薛广回到家乡，父子两人和三娘终于团聚，三娘教子的美名广为传播，还得到当朝皇帝的嘉赏赞扬。壶身一侧刻有“三娘教子”图，另一侧刻有篆书：惟二月既望，越六日乙未，王朝步自周。戊申（1908年）为鑫源仁兄大人清玩，王静善刊（注：晚清刻瓷名家）。刻瓷书画周身上下有两圈青花纹装饰，壶肩上刊刻：吾惟德馨。

兰花纽盖上有两圈青花线，壶高15厘米，口径5厘米，底径11厘米。

79. 清光绪“大缽盂”紫砂壶

“缽”同“钵”，钵盂，古代和尚用的饭碗，底平，口略小，形稍扁，泛指佛门专用的陶制器具。佛教自汉代由古印度传入我国，已有两千多年的历史，并与儒家、道家一起成为古代中国的三大思想流派“儒、释、道”，在民间广为传播。一些文人雅士不满晚清风雨飘摇的动荡社会，看破红尘后削发为僧，寄情高山深林与大自然为伴。这把用朱泥烧制的“大缽盂”壶，即古人所谓“未触风日之石骨也”，因其材质少而弥足珍贵。壶的整体呈扁形，丰肩上有一圈凸出阳线，圆腹一面刻画有山水，近景的斜坡上一片茂林，临水处有一个低矮的茅亭，河的对岸层峦叠嶂，远峰辽廓，令人悠然寡欲。另一面题写：“味从回处有余甘，戊戌（1898年）春。”画面和诗文与佛家崇尚的自然天趣相符，刀笔纵横洒脱，虽画面空无人烟，但诗意盎然，啜饮中回味天人合一的禅境。

平底中有一圆印，款文：大缽盂。壶高8厘米，口径6厘米，底径4.5厘米。

80.清光绪包锡椰壳壶

壶肩与壶足及内胆均包锡，壶身四周外壳为椰壳，历经百余年岁月沧桑，椰壳外表包浆已如古黄花梨厚润老沉。一侧刻有风竹和蜻蜓，一侧写有：清风送一曲。落款两方印文分别是“如”“意”。中间的烫酒壶和壶盖均为锡制，形体小巧玲珑，清风一曲，小酒一杯，可见壶主人当年春风得意之情态。壶肩处包锡的两圈刻线与椰壳处的两圈刻线相吻合，工艺规整精致。

原配的铜提梁十分考究、机巧。壶高10厘米，口径3厘米，底径5厘米。

81. 清宣统高恒生山水人物壶

高恒生是清晚期浅绛彩瓷画大师，号恒生义，名款有高恒生、少卿高恒生，作品主要集中在光绪至宣统年间。高恒生最擅画渔家乐图，其人物开相很特别，俗称“猪腰子脸”，笔下钓鱼老翁、小孩极具生活情趣，题材广泛，有人物、山水、花鸟等。壶的一面绘有浅绛彩山水人物，是其代表的渔家乐场景，一位渔夫背着渔具从湖边归来。另一面用绿彩写有：不亦寿乎，己酉（1909年）高恒生作。

壶肩与纽盖上均有青花弧圈，并写有“清心”两字。壶高8厘米，口径4.5厘米，底径7厘米。

82.清末民初蒋润之墨狮壶

蒋润之沧溪蒋氏四十三代，系蒋榛山七子。蒋润之创作主要活跃在清光绪至民国早期，是清晚期瓷绘名家、御窑厂画师。壶身一侧画着一对母子狮子嬉戏图，浓墨重彩，线条简洁，形象逼真，神态可掬。另一侧写道：太师升殿陛，少保位尊荣。时癸丑仲秋月书，蒋润之写。蒋润之虽为晚清瓷画名家，但其传世品却极少。

壶底有“官窑内造”款。壶高11厘米，口径6厘米，底径10厘米。

83. 民国汪野亭山水壶

汪野亭（1884—1942年），江西乐平人。别名平、元鉴、平生、垂钓子、传芳居士等，室名“平山草堂”，景德镇“珠山八友”之一。先师从潘陶宇、张晓耕学绘花鸟，后改学山水，受程门、金品卿浅绛彩影响，晚期作品绘粉彩青绿山水。作品风格构图简约、画面疏朗，布局巧妙、色彩华丽，是一位技艺高超的瓷绘大家。汪氏作品少长篇题款，一般题写一两句诗文后再落款，但格式变化较多。常见落款：野亭汪平、传芳居士汪野亭、垂钓子汪野亭等；常见印款：汪平野亭、平生、汪平、平山、老平、平印、汪等。壶的一面画有近山树木，房舍的河滩前，一位船夫正准备撑竿放舟，远处的山峦云雾缭绕，一叶白帆也隐入了水天交接处，诗情画意油然而生。另一面题道：天寒远山净，日暮长河急。印款是：汪。壶嘴、壶把涂有金粉，壶肩与壶足画有水波纹，与壶盖水波纹相呼应。盖面写有：可以清心。

壶底落有闲款：雅玩珍藏。壶高9厘米，口径3.5厘米，底径5厘米。

84. 民国罗仲林僧帽壶

罗仲林活跃于光绪至民国早期，号吟香主人，又号湖山居士。擅长人物瓷画，所画仕女是其代表作，为世人所称道。民窑与官窑相比，画面内容更贴近社会，讲究生活情趣。这是一把典型的“桃花美女”画面壶，一位美女栖坐在桃树下的盘石上，另一位美女提一篮花徐徐而来，色彩淡雅，画工细腻，高雅柔丽，楚楚动人。在仕女人物画上落款除了代表人物徐善琴、马庆云、雷光亨、王琦外，还有罗仲林、高恒生、余用涛、邹文候等瓷绘高手。该壶落款：壶中春永，可以清心。罗仲林书于珠山。这把壶的特别之处是口沿如僧帽，表现了画家在世俗红尘与清心寡欲的交织心理，试图找到一种平衡慰藉。

壶底“江西华珍出品”，江西华珍是民初一家知名瓷社。壶高 12 厘米，口径7.5厘米，底足7.5厘米。

85. 民国朱玉记胭脂红壶

清末民初全国多地都出现了一批瓷画作坊和瓷社，有以地名、人名或堂号命名的，尤以江西为多。知名的有：江西瓷业公司（号称“民国官窑”）、江西华珍出品、景玉陶出品、朱玉记出品、景镇明星瓷社、景镇胜利公司等。这款在清末民初深受文人雅士喜爱的小扁壶，恰好适合人手一把抓，鼓出的壶身也非常适合题诗作画。这把壶身一侧绘有胭脂红山水，画境十分恬静，两位荡舟人在大美山水间无拘无束畅谈，远处的飞鸟在自由自在翱翔。另一侧题诗：春秋多佳日，山水含清辉。江西朱玉记出品。值得一提的是题诗与壶盖上的题款均用泛黄的淡墨（原为金粉）题写，在盖纽与壶把间，还保留着原配的包银玉玺连接着。

壶底有“江西珍品”款。壶高8厘米，口径6厘米，底径7厘米。

86.民国汪芳林人物壶

汪芳林是光绪至民国时期景德镇著名瓷画家，擅长粉彩人物瓷画。早年曾拜汪永太等人为师，后期名声已超过其师，落款大多写汪芳林或芳林。这把壶除壶底外，壶盖壶身全部绘满各种粉彩花卉，因此人们通常称之为“百花不露地”。只是在壶身两侧各有一个开光窗，一面绘有陶渊明在南山赏菊，身边一个童子，身后是一株苍松。另一面开光窗中题道：渊明一生喜爱菊句，戊午（1918年）之秋月，汪芳林作。汪芳林构图机巧，寓意深刻，线条精练，设色独具一格，人物衣饰极具水墨写意画风韵。

壶底白釉露胎。壶高16厘米，口径7厘米，底径7.5厘米。

87. 民国秦祥兴酒壶

秦祥兴，湖北鄂州人。晚清至民国时期秦氏兄弟两人在沪上开设瓷器专卖店，并取其名“秦祥兴”用作经营商号。“秦祥兴”是当时上海最大的瓷行，也是民国第二大瓷业公司，并与江西瓷业公司等景德镇知名瓷社合作，定制精品瓷器在上海经销。“珠山八友”徐仲南、程意亭、刘雨岑等瓷绘高手都曾为“秦祥兴”绘制瓷具，其中一部分并未画家落款，而是统一署名“秦祥兴”堂号。这把酒壶瓷质如玉，光润洁白，画工精细，一只飞鸟栖息在牡丹枝头。题款：春来花似笑，好鸟亦能言。上海秦祥兴出品。里面的内胆烫酒壶也同样画有一枝绽放牡丹，并写有：不可一饮而不醉。此壶花鸟风格极具刘雨岑粉彩特色，尤其是“水点花”与刘雨岑独创的“水点桃花”如出一辙，因此这把壶应是刘雨岑为“秦祥兴”定制而作。

外套与内胆烫酒壶提梁品相均保存完好，壶盖面写有“福”字。壶高13厘米，口径3厘米，底径6.5厘米。

88. 民国高山流水提梁壶

壶身一面画有一位伫立江边岩头的文士，正挥手告别舟上渐行渐远的知心好友，远处的两座孤山默默相对无语，几只大雁从空中传来不舍的哀鸣。恰似“寒雨连江夜入吴，平明送客楚山孤。洛阳亲友如相问，一片冰心在玉壶”。诗境旷达苍茫，凄美中蕴藏着温暖的关怀和祝福。线条流畅，轮廓分明，色彩淡雅，诗情画意。另一面题道：高山流水，别有知音。癸亥（1923年）之仲秋月，耿前兄清玩，王佩涵敬赠。壶肩上有行书和篆书：右拟积古斋钟鼎原本，中华四年五月六日申。

盖面有“吉祥”两字，壶底有“江西吴恒顺造”字样。壶高14厘米，口径6.5厘米，底径10.5厘米。

89. 民国邹文侯开光人物壶

除壶底外全身施以胭脂红，且有暗线花饰，壶身两侧开光天窗中，一面画有凭栏远眺的人物，落款：邹文侯写。印文：文侯。另一面题道：修翁督察长清玩，晚（注：晚辈）支成祖敬赠。邹文侯，江西南昌县棠溪人，逝于1951年，民国时期著名的瓷绘大家，20世纪30年代在南昌受聘于丽泽轩瓷店专画彩瓷，1939年应邀到景德镇绘瓷。他擅长粉彩花鸟草虫和人物，以墨彩铺染花卉，色泽浓淡相宜，人物造型生动传神，颇具任伯年风格。修翁督察长系上海滩赫赫有名的青邦三大亨之一黄金荣，与杜月笙、张啸林齐名。黄金荣生于1868年，卒于1953年，享年85岁。早年黄金荣做过上海法租界巡捕，后势力扩大成为上海滩最大的帮会头目，1928年黄金荣成为国民政府行政院参议，随后又担任督察长一职。黄金荣因自小家境贫困，当过书画店学徒，开过水果铺子，立志“修学、修身、修性”，号称“修翁”。抗日战争爆发后，黄金荣为保持中华民族气节，不愿担任伪职。后来又婉拒蒋介石去台湾，说“与其死在海上，不如死在上海”。1949年后，他写了一封自白书，向人民政府坦白自己的罪行，晚年的黄金荣一直深居简出，成为一位名副其实的“修翁”。

壶底有圆形印款：江西陈利兴出品。壶高8厘米，口径4厘米，底径7.5厘米。

90. 民国景玉陶花鸟壶

壶身一侧用细致的工笔绘成了梅花、菊花等四季花卉，并用红、黄、蓝、绿、白五彩点染，尤其是一枝蜡梅刺破壶肩，直抵壶口，仿佛也将梅香探进了壶中。枝头上的“老眉”啁啾着，高亢着四季欢歌。另一面题写道：老眉欢喜乐何如句。辛未（1931 年）江西景玉陶出品。景玉陶为民国时江西瓷绘名家，以画工细腻精致著称。这把壶瓷釉如玉，光可鉴人，选用的是景德镇上等的高黏土，洁白无瑕，做工规整，壶底有支烧点。画面釉彩艳而不俗，清丽而雅韵。

手工制作的双把提梁十分精致。壶高 12 厘米，口径 5.5 厘米，底径 7.5 厘米。

91. 民国珊瑚红开光花鸟壶

珊瑚红是一种低温铁红釉，始于康熙，盛于雍正、乾隆年间。它是将红釉吹在白釉之上，烧成后釉色均匀、光润，能与天然珊瑚媲美，故名“珊瑚红”。除壶底外，全身施以珊瑚红釉，并在其地色上描金绘出梅兰竹菊，在两侧开光窗中画有黑天鹅、芦苇、野菊等花草，自然而优雅。虽然在画面中没有人，但在表达对大自然美景和动物和谐相处中，自然流露出人的内心对美的渴望和追求。珊瑚红颜色主要分两种，一种偏红，另一种红中闪黄，很明显这把壶色彩偏向后者。色调像绸缎般绵柔，似海水般均匀和神秘。

壶底呈玉璧形，并有“同治年制”款，应为民国题清朝款。壶高14厘米，口径8厘米，底径11厘米。

92. 民国汪乃斌将军壶

汪乃斌是清末民初制瓷大家，1931年江西浮梁陶瓷职业学校成立时，汪乃斌出任校长，1944年与江西省立陶瓷职业学校合并，称江西省立陶瓷职业学校。这所民国时期重要的培养陶瓷艺术人才的教育机构，在景德镇陶瓷教育史上有着承前启后的重要作用，王大凡、汪野亭、毕伯涛、程意亭、刘雨岑等名家先后在此任教。因为这把壶所赠对象是当时的一位将军，制壶者巧妙地将壶形设计成传承的“将军罐”型，除壶底外全身施以“大红袍”釉，盖纽也如同塔顶一般挺立。壶身两侧开光的白地窗中各绘了一幅雪景山水，一幅题有：瑞雪江山。另一幅题道：溪深难受雪，山冻不流云。甲戌（1934年）仲冬，汪乃斌画于珠山，赠魏剑将军惠存。

汪乃斌是民国时期著名的瓷画雪景高手，可惜流传的作品稀少。壶高12厘米，口径4.5厘米，底径5厘米。

93.民国友石花鸟壶

友石，生卒年不详，清末民初瓷绘大家。友石，原名程铥，别号子香（也有轩室款）。景德镇御窑厂于咸丰年间被太平军烧毁后，同治才开始恢复，友石是在恢复御窑时入厂绘瓷的画师，也是最早创烧浅绛彩瓷的画师之一。友石爱画墨彩，主要是花鸟，带有鲜明的个人风格，清丽淡雅。他的早期瓷绘作品大多无款，有的甚至无纪年款，因此流落民间友石款的瓷器极为罕见，一些网友只能将其残瓷拿出来晒宝。这把壶器形极为独特，除去壶嘴、壶把，就像是一只盖杯，因此更喜欢将它称作盖杯壶。壶身一侧绘有花鸟，色彩清丽，格调高雅。另一侧题道：仿元人意，友石氏写。

兰花纽的盖面上也画着相同的花卉。瓷质莹润，釉色如玉。壶嘴内单孔，壶把呈现写意的草龙状。壶高10厘米，口径6.5厘米，底径6.5厘米。

94. 民国醴陵瓷山水壶

醴陵瓷器产地湖南省醴陵市，早在东汉时就有较大规模的陶器作坊，距今已有两千多年历史。醴陵是世界釉下五彩的发祥地，中国“国瓷”“红官窑”的所在地，是全国三大“瓷都”之一。醴陵瓷集胎美、釉美、工美、形美、彩美于一体，具有很高的美学价值和文化内涵。清末民初醴陵釉下五彩瓷的创烧前后不到20年，由于生逢乱世，作品覆盖不宽，精品罕见，传世作品不过四百余件。1907年到1912年间，还曾获得巴拿马、意大利世界博览会金奖，获“白如玉、薄如纸、明如镜、声如罄”之美名，享誉世界。这把壶一面绘有山水，一面题有：诗清只为饮茶多，庚辰（1940年）秋月作。一面诗一面画，诗画合一，那藏匿在深山老林中的房舍，也许寓意战乱年代中的人渴盼和平与美景，寄寓了画家对生活的美好憧憬。瓜棱壶嘴，竹节壶把，更加突出了瓷质的润泽。

盖面上写有“一片冰心”。壶高14厘米，口径6厘米，底径6.5厘米。

95. 民国袁林墨彩山水壶

袁林，字茂金，“珠山八友”汪野亭外甥，系汪氏山水第二代传人。早期经舅公汪野亭介绍跟陈德明学绘花鸟，与余翰青师兄弟，稍后随汪野亭专攻山水。新中国成立后曾在艺术瓷厂工作，其长子袁世文现为中国陶瓷艺术大师。袁林是民国时期瓷画名家，擅画山水、花鸟，尤其是他的墨彩山水，用笔细腻婉约、自然质朴、构图简约、由近而远。近景山石以弧形短线作披麻皴，远山一般呈“人”字形，远近山峦均喜画岸滩，然后点缀渔舟、风帆和渔翁（或送别人）。他的山水美景大多取材其故乡的一河两岸，群山环抱、山峦叠翠，一幅幅诗情淋漓的江南风光。这把壶近景是河滩上群树环绕的静谧村庄，一人正从岸滩的桥上走向渡口，艄公撑着小船已从河对岸赶了过来，远山纱幔般在风中忽隐忽现。在画的左上角空白处，有题款：袁林作。壶的另一面写道：夏剑秋同学惠存，湖光山色，弟继灼敬赠于珠山，一九四四。壶肩有一圈卷纹花饰，盖纽四周题有“元人之法”。

盖面和壶把上均有墨彩纹饰。壶高9厘米，口径3.8厘米，底径5厘米。

96. 民国袁林墨彩山水扁壶

袁林是民国时期瓷绘名家，长期师承舅公汪野亭专攻山水，但他学而有所创，一改汪氏山水浅绛之色，用纯墨彩勾勒皴染江南山水。浓淡相宜，干湿相间，枯白相融，所谓墨分五色，在袁林的笔下已被运用得淋漓尽致。象鼻壶嘴一侧是墨彩山水：群树环抱的茅屋，有群大雁人字形掠过，古银杏树下的渡口被苇丛遮盖着，船夫正将两位老者从对岸摆渡过来。离岸的山色空蒙，唯有山峰上耸立的古塔格外耀眼，画面左上角落款：袁林作于珠山。另一侧题有：竞陵风味。丁亥（1947年）秋季，有基襟兄雅玩，弟余慎安敬赠。这种款识大都是民国时期的文人雅士，专门到景德镇找名家定制绘烧并落款成品后，作为贵重礼品赠送给亲朋好友。壶肩上的一圈篆书是：作宝敦其寿考万年子子孙孙永宝用之。

壶盖上篆书是：用之吉祥宜心。壶高8厘米，口径5.5厘米，底径7.5厘米。

97. 民国石生紫砂壶

石生（1900—1957年），原名蒋永西，又名岩如、聚莲老人，宜兴蜀山人。清末民初宜兴紫砂镌刻名家，常在制陶名家作品上刻字作画，17岁拜邵云如（北岩）为师。长期聘用于宜兴吴汉文创立的“吴德盛”店号，在其“金鼎商标”旗下，专门为吴德盛铭刻制壶的艺人有任淦庭、俞国良、程寿珍、朱可心、汪宝根、吴云根、王寅春等。20世纪30年代中期石生在吴德盛公司任技师，并与任淦庭合作，由任淦庭书画，石生陶刻，落款均为“歧陶”“企陶”或“松鹤轩”。1935年与顾景舟大师合作的红泥碗灯壶（西泠印社拍卖图录号2186），是由顾景舟制壶、石生刻画的一把传统的经典壶。此把酒壶分为两部分，外套上下有两圈鼓钉，中间部分为段泥，一只鸟栖立在梅花枝头，上书：江南春色，石生作。另一面题有：晚来天欲雪，能饮一杯无。时在己亥月上浣。刀法娴熟，擅长填色勾染，自成一格。中间是一个提梁烫酒壶，壶底有民国制壶名家陈听大刻款。

整把壶器形饱满，品相完好，皮壳包浆自然老旧。壶高12厘米，口径5厘米，底径11厘米。

98. 民国民主胜利壶

1945年抗日战争胜利后，江西瓷业公司、景镇胜利公司等公营和私营瓷社，为一些组织机构或私人定制创烧了一批具有特殊时代意义的壶，后来被冠以“胜利壶”名称。这把壶就是典型的“胜利壶”之一，在象鼻壶嘴的左右，用红彩题写了“民主”两个字。壶身一面画有粉彩山水，山清水秀的远处有一抹淡淡的红彩，让人倍感眼前一亮，也预示着未来的光明和希望。画面右上角还题道：湖光山色。画家通过对祖国壮美山川的赞美，表达中华儿女热爱和平、向往幸福生活的美好愿望。壶身另一面题有：松风水月，仙露明珠。壶肩上的八个篆字是：自作宝藏，吉祥永用。盖纽是一个五角星，壶把也呈象征中华民族的龙形。

壶底有“江西汪兴记出品”款。壶高7厘米，口径4.5厘米，底径8.5厘米。

99. 民国汪云山雪景壶

汪云山又名汪林，曾师从汪野亭和何许人，是民国时期瓷绘名家，尤其是瓷画雪景高手。新中国成立前后在景德镇开一红店“云山瓷社”，镇上多名名家在其瓷社绘瓷，其师兄汪小亭也曾在此帮忙。这把壶身偏扁，一侧画有一幅雪景山水：近景山坡和松树被皑皑的白雪覆盖着，在松枝间露出的粉墙让人感到格外温暖，一位策杖老者走到堤岸的渡口边，正准备渡过河对岸。而茫茫的大雪几乎遮盖了远处的高山和丛林，只露出岸滩上几株树干，但这一切并没有阻止老翁回家的脚步。也许他正从老友家微醺而归，但他知道河对岸的家才是自己心灵栖息的港湾。画面中上方题款：风雪归人，己丑（1949年）秋月，汪云山作于珠山。另一面用篆书写道：白作父戊宝藏。宽厚的壶肩上用回形文和水滴纹装饰，象鼻形壶嘴十分精致，盖面写有“一片冰心”。

圈足内收，壶底有印文。壶高7厘米，口径5厘米，底径8厘米。

100. 民国聂杏生福禄寿壶

聂杏生（1909—1981年），江西省丰城人，中国陶瓷美术大师，在民国时期就是知名的陶瓷艺术家。擅长画粉彩、青花，他画的人物、山水和鸟兽都达到了极佳的境界，用笔工整细腻，形成自己独特的风格，被誉为景德镇近代瓷画的奠基人。1958年他被评为景德镇陶瓷工艺美术师，1959年被聘为景德镇陶瓷学院讲师和教授，出版有关瓷画教材30多种，他的学生遍布海内外。1968年因“文革”陶瓷学院停办，他又受聘在人民瓷厂美研室工作，由他主创绘制的一套香炉在当时香港竞拍到一百多万港币，《香港大公报》等媒体发文赞叹大师的杰作，这期间党和国家领导人出国访问的礼品瓷很多也出自他的手笔。2011年聂杏生被国家追授为“中国陶瓷美术大师”荣誉称号。

这把壶一面绘有斜倚在寿桃边的老寿星，身旁是一只引颈回望的梅花鹿，在老寿星眼前有两只翩舞的蝙蝠，画面右上方题有：福禄寿，杏生写于珠山。壶身另一面题道：石鼎火红诗詠后，竹炉汤沸客来时。庚寅孟夏月，瑞芳选置于景德镇客邸。这把壶瓷质细腻，釉色光洁，温润如玉，浅绛彩色调清新淡雅。

玉璧状壶底有“景镇明星瓷社”款。壶高9厘米，口径3.5厘米，底径5厘米。

二、文玩

蔡国声：1941年出生，浙江定海人。1962年进入上海古玩市场工作，从事古玩和文物鉴定近60年，是当今中国古玩鉴定界的领军人物，有“南蔡北马”（北马指马未都）之誉。曾为文化部艺术品评估委员会副主任委员、中华民间藏品鉴定委员会副主任、艺术品中国网高级鉴定顾问，曾担任中央电视台《寻宝》、上海电视台《好运传家宝》、天津电视台《艺品藏拍》、河南电视台《华豫之门》等多家电视台收藏类栏目特邀专家，并担任《收藏》杂志等数家全国性权威杂志顾问。

蔡国声是北京大学、华东师范大学等高校的专家顾问和特聘教授，出版有《珍宝鉴别指南》《古玩与收藏》《过眼烟云录——蔡国声谈古玩鉴定》等30余本专著。他不仅擅长古玩杂项的鉴定，还是一位蜚声海内外的书法家，出版有多部书法作品集。因其在鉴定时敢于直言，被誉为藏界“包公”。

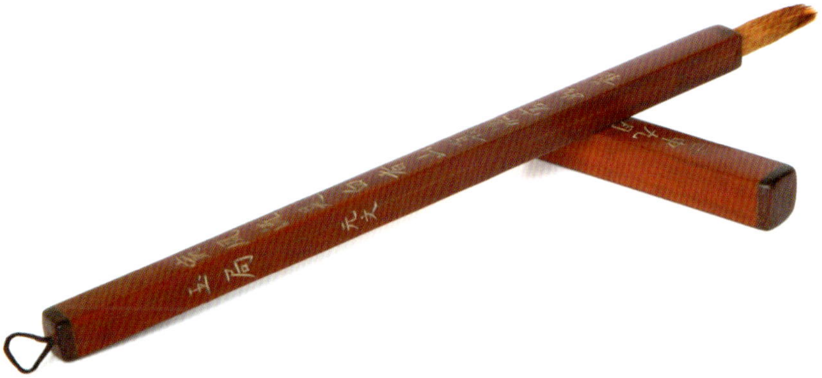

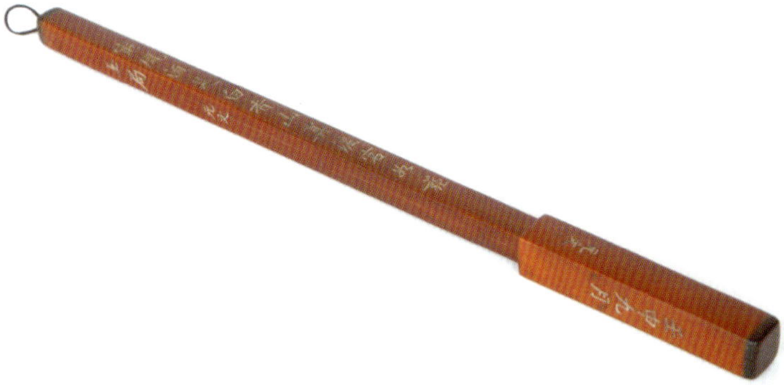

1.清乾隆四方竹刻毛笔

毛笔是中国独创的文具，比埃及的芦管笔、欧洲的翎毛笔使用还早，而且至今仍在使用，其影响也波及世界各地。排在文房四宝“笔墨纸砚”之首的毛笔，是书画家们进行艺术创作必不可少的用具，如今它的艺术内涵更加丰富。与传统的圆杆不同，这是一支笔身呈四方形的竹刻毛笔，十分罕见。笔身上刻有：最风流是白香山，真澹宕如苏玉局。元文。意思是：最风流洒脱的是白居易，真正豪情澎湃的莫过于苏轼。元文，是日本的年号，在享保与宽保期间，大致相当于在乾隆早期。这时的天皇是樱町天皇，江户幕府的将军是德川吉宗。毛笔套头也是四方形，一面刻有：壬申（1752年）九月，一面刻有：元文。竹制的笔身润泽光洁，包浆自然，清丽雅韵。笔身和笔套的两端，均用小叶紫檀嵌封。

笔长29厘米，笔身直径1厘米，笔套直径1.5厘米。

2.清康熙御赐朱砂墨

朱砂色的墨身一面刻有：绵津山人鉴赏，下面是一方篆书印：珍玩。另一面上半部是两条相视的明式龙，在两条龙正中间的龙头上方有“御赐”两字，下面是“清德堂”款。“清德堂”是被康熙皇帝誉为“清廉为天下巡抚第一”的宋荦堂号。宋荦（1634—1713年），字牧仲，号漫堂、西陂、绵津山人，晚号西陂老人、清德堂主人、西坡放鸭翁，清初著名诗人、书画家、收藏鉴赏家，河南商丘人。顺治四年（1647年）应诏以大臣子列侍卫，逾年考试，铨通判。康熙三年（1664年）授黄州通判，累擢江苏巡抚，官至吏部尚书。宋荦为国史院大学士宋权之子，由于他聪慧超人且清廉为民，深得康熙帝的恩宠，康熙四十二年（1703年）四月，康熙在给苏州织造李熙的奏折御批中写道：“……巡抚宋荦，朕南巡两次，谨慎小心。特赐御笔书扇二柄，赐李熙扇一柄。尔即传于宋荦，不用写本谢恩。以后有奏之事，密折交与尔奏。”据史载，康熙3次南巡皆有宋荦迎送，有次宋荦因操劳过度旧病复发，康熙闻讯特“颁赐珍药”，并御书“福”“寿”两字赐宋荦。宋荦著有《西陂类稿》（五十卷）、《漫堂说诗》等。今人周绍良撰《清代名墨丛谈》载《宋荦墨品》（三卷），认为“鉴赏之精，收藏之富，不惟冠绝一时，后来者也难伦比”。

这块由康熙御赐给宋荦的朱砂墨，是用桐油烟、麝香、冰片、金箔、珍珠粉等十余种名贵材料精制而成，故有“拈来轻、磨来清、嗅来馨、坚如玉、研无声，一点如漆、万载存真”的美誉。墨长9.5厘米，宽2.5厘米，厚1厘米。

3.清同治“玉壶冰鉴”墨

墨的正反两面边沿均用阴阳双线装饰，在上面的交接处用两个回纹衔合。正面用烫金隶书题写“玉壶冰鉴”，稍下是楷书“星叔清赏”。反面上半部刻有一尊双龙耳陶瓷花瓶，瓶身绘满纹饰，庄重古朴，典雅清丽，下半部是烫金楷书：同治甲戌（1874年）属徽州休城胡开文精制。在两面的上端，有阳刻“顶烟”两字。胡开文（1742—1808年）是清代四大徽墨开创人之一，少时去徽州休宁汪启茂墨店当学徒，后娶汪启茂之独生女为妻，乾隆三十年（1765年）承传汪启茂墨店，并取徽州府孔庙的“天开文苑”金匾中间两字，冠以姓氏打出“胡开文”墨庄店号，后在屯溪、歙县、芜湖、扬州、杭州、上海、汉口、长沙、南京等地开设分店，至此徽州制墨业“胡开文”老字号一枝独秀。“玉壶冰鉴”出自唐代诗人王昌龄诗句：洛阳亲友如相问，一片冰心在玉壶。原意是像美玉制成的壶中的冰一样，晶莹透亮的心，比喻心地纯洁、清廉、表里如一。“星叔清赏”，是在“胡开文”墨庄定制专门送给“星叔”清赏雅玩的，可见古代文人雅士的谦谦君子之风。

胡开文制的墨上标有“顶烟”“贡烟”，都是上选的佳墨，一些达官和文人都选用“顶烟”作为自用墨。墨长9厘米，宽2厘米，厚1厘米。

4.清光绪“小桥独步图”朱砂墨

墨的品种颇多，以原料分有油烟墨、松烟墨、油松墨、朱砂墨等。朱砂墨是为了适应绘画和圈点批文需要而产生的一种朱红色墨，由开始的皇帝在奏章上御钦官府的批文，到图案华丽形制精美，并且融合了文人独有的审美情趣，集书画、雕刻、墨法等各种技艺于一体，成为实用与赏玩相结合的文玩艺术品。朱砂作为药用，可清热镇惊，配上其他一些药，朱砂药效就很灵验。其次朱砂可以辟邪，古代道士道教画符多用朱砂和公鸡血。此墨色质朱砂，正面为阳刻的山水人物，一位长者正策杖走过溪水潺潺的小木桥，桥对面是被树木包裹的房舍，远处的天空祥云朵朵，经百余年岁月的浸染和人文把玩，人物衣袂和檐瓦上的鎏金依然清晰可辨。反面在高空飘忽的云朵与湍急的激流之间，用阴刻填金题写：小桥独步图。

墨的上端两肩弧收，底端中间微凹。墨的右侧边端有阳刻“胡开文制”四字，整个墨锭上手极轻。墨长9厘米，宽3厘米，厚0.8厘米。

5. 民国元年胡开文“宝藏墨”

知我钟爱收藏，胡开文第八代孙胡毓骅老师于十年前曾赠我一块“胡开文宝藏墨”，当时我坚拒不要，但胡老师告诉我这是他家祖传的，家里存有两块。芜湖市博物馆开馆时，在展厅中突然看到一块与我收藏的这块“胡开文宝藏墨”同样的墨，旁边的卡片上赫然写着：捐赠者胡毓骅。我从内心涌起感动，为老先生的善举折服。此墨一面的中心位置是两个头像，左边是孙中山，右边是黎元洪。上面是一行篆书：中华民国共和纪念。1911年辛亥革命胜利，1912年是“中华民国”元年，因而这块为纪念“中华民国”成立的“宝藏墨”具有十分重要的历史和文献价值。头像下面是一首藏头诗：胡越一家，开我民国。文德武功，造此幸福。将每行诗的头字连在一起，正好是：胡开文造。墨的另一面上部为交叉的五色旗和十八星旗，十八星旗原为共进会会旗（共进会是由部分同盟会会员和会党领袖为推进长江流域革命于1907年在日本成立，1909年在武昌设立总部，是发动武昌起义的主要革命团体），十八黄星表示炎黄子孙十八省人民铁血主义精神。中间题有烫金隶书“宝藏墨”，两旁各有三面无色的外国国旗，反映了孙中山先生提倡的“世界大同”理想。该墨正反两面上下和四角均刻有花饰，唯有红、黄、蓝、绿、黑五色。

清代徽州四大墨：歙县曹素功、汪节庵，休宁汪启茂，绩溪汪近圣。胡开文（天柱），字柱巨，号在丰，后娶汪启茂独生女为妻，乾隆三十年（1765年）传承汪启茂墨店后创出高质量的“胡开文墨”，声名影响至今不衰。墨长21.5厘米，宽6.5厘米，厚2厘米。

6.清光绪“赵氏贡宣”纸

“赵氏贡宣”系清代咸丰年间宫廷制纸师赵肆创制，赵氏后人传承了“沐圣文房，赵氏贡宣”纸。所制纸细软如酥，扶之若翼，获先帝御赐“纸艺精湛”横批，后为文人雅士所推崇和收藏。一扎10刀5色，每刀2幅，共20张。在一扎纸的外包封条上有红色字“贡宣，大清光绪贰拾叁年制”和印章，蓝色字是一段介绍赵氏贡宣的文字。在最上面的刀纸中间段有红色字款：沐圣文房，赵氏贡宣。

每刀纸均有洒金，另有数刀纸印有瓦当图案，显得古朴凝重，端庄典雅。每幅纸长130厘米，纸宽33厘米。

7. 汉代日月石砚

提起砚台的收藏，人们自然会想起中国的四大名砚，但砚台中最为珍贵的还是被称为“砚祖”的汉代石砚。目前中国发现最早的砚是石砚无疑，到了汉代墨的原料不再使用天然的氧化锰，而产生了以松烟为主要原料的手工墨，因此名目繁多的砚应运而生，不但有石砚，还有瓦砚、玉砚、陶砚、漆砚、青铜砚等。魏晋至隋朝出现了瓷砚，唐宋时期四大名砚等多样化的趋势开始为文人雅士所喜爱，砚台成为集诗书画印和雕刻于一身的艺术品受人追捧。时至今日人们的审美又返璞归真，古拙素朴的汉代石砚，成为藏家们眼中最为珍贵的宝藏。这方汉代石砚外观呈圆形，材质为青石，砚面深凹的砚膛被雕琢成一轮满圆的“太阳”和一弯“月亮”砚池，“日月”彼此相连又似正在交替。整个砚面和砚身都曾有使用和岁月侵蚀的自然痕迹，历经两千余年，这块汉代日月石砚能依然完好地呈现在我们面前，也应该是造物主的奇迹。日月交替，斗转星移，也许这正是它的内涵所在吧。

该石砚形硕，上手十分沉甸。砚面直径20厘米，厚9.9厘米。

8.汉代瓦当形三足砚

“秦砖汉瓦”是中国古代建筑构件上的艺术典范，西汉瓦当以“长生无极”“延年益寿”等吉祥用语作为装饰内容，画面多采用“青龙、白虎、朱雀、玄武”四神或“神龟、瑞兽”，表达了先民们对宗教的信仰和神灵的膜拜。汉代是石砚开始出现多样化的时代，这主要表现在它的制砚材料和形式的多样性，因而砚的形制和内容也颇具艺术性和审美价值。故宫博物院藏有一方汉代“十二峰陶砚”，高足，砚面呈箕形，砚的左、右、后三面塑有山峰，十分奇特。而此方陶砚，采用非常细的陶土烧制，纹理细滑松润，易于发墨而不渗漏。外观似圆形瓦当，中间的砚膛微鼓，周边一圈砚池凹陷，书卷气十足。尤其是三足上的兽面纹，虽小巧简单，看似微不足道，却承载了中国文化的含蓄之美，起到了画龙点睛的效果。简约中寓深奥，三足兽面不仅驮伏着五千年的中华文化，同时也守护着古老的东方文明。

砚的背面内凹，留有明显的手工拉坯痕迹。砚底径12.5厘米，砚膛内径7.5厘米，厚1.5厘米。

9.元末明初“光裕堂”砚

“光裕堂”是濡须刘氏宗祠名，由其祖刘仑于明代嘉靖年间创建，至今已五百余年历史。濡须，是今安徽芜湖市无为县域。据刘氏谱载，濡须始祖千一公刘仑乃明御史、湖广巡抚，是刘楚之后。唐齐国公刘沼生三子，长子刘楚，为光州大都督、沛国忠简公（刘沼之前谱无记载，一说是刘邦之后，亦说为刘交之后）。刘氏家族自南宋末年由安徽休宁迁至濡须芝山，家世显赫，人丁兴旺，并建祠于芝南一字城。这方“光裕堂”砚不仅浓缩了刘氏家族的历史，也见证了刘氏家族的变迁。此砚为元代宣州石砚，呈长方形，砚面中间是圆形砚膛，稍上是雕琢细长的砚池，可以盛水，最上方刻有“光裕堂”三个字或为明初补刻。“颠张狂素”之誉的怀素曾这样评价李白和宣州石砚：“笺麻素绢排数箱，宣州石砚墨色光。吾师醉后倚绳床，须臾扫尽数千张。”

砚色泛青，古朴工简。砚长29.5厘米，宽19.5厘米，厚7厘米。

10.明嘉靖青花瓷砚

传世的嘉靖瓷器以青花为多，嘉靖青花标志是“回青”。回青在正德时期已出现，到嘉靖时将其与石子青调配使用，烧制后呈现出一种蓝中微泛红紫的浓重鲜艳的色调。这方青花瓷砚为圆形，砚面中间的砚池微凹，外围是一圈环槽，有两个孔洞可将砚池中溢出的水导入环槽，从而不流出砚面。砚池有明显的长期磨研使用痕迹，包浆自然淳厚。除砚圈足无釉色外，砚底凹面内绘有一个童子正在向面前的长者求教，长者的身后一个带足的花几，上面摆放着一盆石头和兰草。在砚面与砚底之间，绘有一圈青花如意纹和海水纹。整个瓷砚青花发色，为嘉靖标志的“回青”，蓝色中微泛红紫，浓彩鲜艳的色调和人物造型，均为典型的嘉靖特征。

底足圈胎内外兼修。砚面直径16厘米，砚池11厘米，厚3厘米。

11. 明天启青花瓷砚

明代天启年间青花瓷除满足国内市场需求外，还大量销往海外，其中流入日本的数量最多，此间青花色泽蓝中泛灰，有官窑纪年款的极少，流传下来的多为民窑产品。天启官窑款识以“大明天啟年製”六字两行双圈楷书为主，也有写“天啟年製”四字两行双圈款，以青花题写于器底，字体刚中见柔，笔意劲挺。这方瓷砚砚面微凹，周边有一圈环槽，可将溢出的墨水导入槽孔。圆形的砚身四周绘满“梅兰竹菊”，笔法恣意率性，青花发色蓝中呈灰。底足宽厚无色，圈足内有“天啟年製”四字两行双圈青花款，字体劲挺，刚中见柔。

砚面有明显使用痕迹，浑然一体。砚面直径7.5厘米，底足内径5厘米，厚2.5厘米。

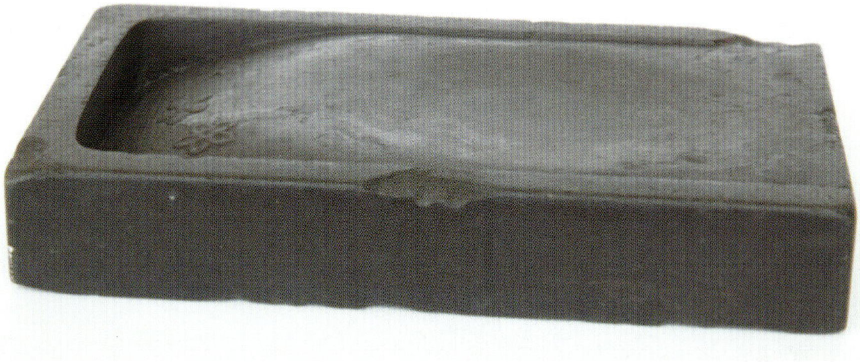

12. 明末清初抄手砚

蜚声海内外的中国四大名砚：广东肇庆的端砚、安徽歙州的歙砚、山西绛州的澄泥砚、甘肃临潭的洮河砚。除石砚以外，汉代有瓦砚、陶砚、玉砚、铁砚和漆砚，晋代有木砚、瓷砚和铜砚，唐代有泥砚，宋代有水晶砚、石泥砚、砖砚和天然砚，明代有化石砚，清代有纸砚，而今有橡皮砚。历史的演变，砚台早已不再是单纯的文具，成为集雕刻和诗书画印于一身的艺术品。这方砚面呈长方形，顶端凹陷最深的砚池刻有三朵梅花，虽已被浸磨得很久，依然清晰可见梅影婆娑，墨香四溢。在反面的抄手砚底内，刻有一尊双手合十的立佛，衣袂飘逸，长耳垂挂，身后的一圈佛光四周题满篆文。

南唐后主李煜说“歙砚甲天下”，苏东坡评其“涩不留笔，滑不拒墨。瓜肤而縠理，金声而玉德”，米芾称“金星宋砚，其质坚丽。呵气生云，贮水不涸”。这方产自歙县与婺源交界的罗纹山溪涧的歙砚又称龙尾砚，确是呵气生云，发墨益毫、滑不滞笔的效果。砚长15厘米，宽8.5厘米，厚2.5厘米。

13.清雍正“抬头见喜”端砚

端砚始于唐代武德年间，是古端州（今广东省肇庆）端溪砚坑一带产的砚石。这是一方随形端砚，除砚面和砚底打磨外，砚身四周依然保持着石头原态，坑洼不平，石纹裸露，这些都是治砚者不愿雕琢浪费这块上等砚石的见证。这块老坑古端砚裸露的原态石纹，色泽由紫蓝偏灰黑，一些细小的石肉分层剥离，仔细辨石品隐约可见，如玫瑰紫青花或鱼脑冻。用手心轻按砚堂，旋即会出现滋润的水气，轻抚似婴孩肌肤般柔滑。在砚膛与砚池相交处有一只蜘蛛，上面也根据砚石原态自然雕成石洞状，喻“抬头见喜”。从蜘蛛身上磨出的痕迹看，砚主人在握笔、醮墨、掭笔时，总会用毛笔在蜘蛛身上掭“喜”吧。

石门洞开，抬头见喜。砚长15.5厘米，宽10.5厘米，厚2厘米。

14. 清乾隆“太平有象”端砚

此方端砚光洁润手，肌肤细腻。砚面雕琢成一只花瓶，砚池顶端是一幅八卦太极图，在砚池与砚膛交接处是一对弯鼻的大象，宽敞的砚海如同鼓腹的瓶肚，谐音“太平有象”。在两只象鼻双耳中间是一朵如意云纹，整个砚面外框是阴阳双线工，刻画规整，尤其是花瓶外的麻点皴，让“太平有象”图更有立体感和审美效果。砚的背面中间部分略凹，简洁而古朴，形成砚面乾隆盛世“太平有象”与背面儒雅宁静的对比，折射出砚主人淡泊明志的心态和治学精神。端砚为四大名砚之首，距今已有一千三百多年的历史。端砚石质以老坑、麻子坑和坑仔岩三地之砚石为最佳，这些坑石已近枯竭或停采，因而传承至今的老坑端砚尤其珍贵。这方含铁水云母贡岩的老坑端砚，颜色微紫，质刚而柔，嫩而不滑，握之稍久，掌中滋水，发墨而不损毫。

该砚形制规整，品相完好。砚长14.5厘米，宽9.5厘米，厚1.5厘米。

15. 清代“文心雕龙”歙砚

《文心雕龙》是南朝文学理论家刘勰创作的一部文学理论巨著，全书共10卷50篇，是中国最早的一部有系统的文学理论著作。儒家思想是贯穿《文心雕龙》全书的基调和核心，强调创作主体即作家先天的禀性、气质、才能，以及后天的学识修养对创作的重要性。或许是这部巨著对后世文人的影响十分深远，在这方歙砚的正面，除砚池和砚膛无雕琢外，其余几乎被两条腾龙覆盖。两条龙头在砚池最顶端分隔两端，龙身在云雾中时隐时现，“文心”两字似“戏球”夹在砚池与砚膛中间。在如此狭小的砚边四周，两条腾云戏球的飞龙被巧妙地雕作成“文心雕龙”的意境，实在令人叹服。在布满“金晕”的砚背，整面金晕如花似云，吹之欲散，松如团絮，给人一种朦胧的美。己卯（1999年）夏月，我特意请著名书画家、安徽省书画院院长刘廷龙先生在该砚背上题跋：“重廉不捲留香久，古砚微凹聚墨多。己卯夏，德华仁兄藏此老砚属题，三竿堂主廷龙。”后请江南印人依墨迹刻之，并拓成砚谱，再请廷龙兄题之。

这方产自歙县与婺源交界的龙尾山（罗纹山）歙砚，又称龙尾砚。砚长14厘米，宽8.5厘米，厚1.7厘米。

16. 清“荣宝斋”铜文具盒

荣宝斋的前身“松竹斋”始建于清康熙十一年（1672年），后于光绪年更名为“荣宝斋”，至今已有三百多年的历史。这家以经营文房四宝和书画的老字号店铺，取“以文会友，荣名为宝”之意，并请当时大书法家陆润庠（清同治状元）题写了“荣宝斋”匾额。铜文具盒呈正方形，盖面雕刻有博古和花饰，将盖翻转过来是一方精美的砚台。文具盒内部由笔洗、笔插和可存放印章、印泥的两个柜箱组成，四周飞出的花边十分淡雅。集文房诸功能于一身的铜文具盒，小巧而精美，既不易破损，又便于主人外出时方便携带。

盒底四角有四足，中间有“荣宝”款。铜文具盒长宽均为12.5厘米，高度为6厘米。

17.晋代青瓷水盂和宋代黑釉水盂

水盂是供磨墨的盛水器，又称水丞。文献记载要早于砚滴，水盂与砚滴的区别是有敞口注水而无出水口，目前所见实物最早是魏晋时期的水盂。晋代水盂多为青瓷，大口鼓腹，宋代水盂多为小口，扁圆腹，平底。两者相同处是造型小巧素雅，均无雕刻花饰，胎底都平底无釉。此件晋代青瓷水盂为早期越窑产品，釉色淡青灰色，也不注重花纹或雕饰，但其清亮的釉色和光泽，尤其是全身布满细碎的冰裂纹，完美地诠释了越窑青瓷的特征。另一件宋代黑釉水盂为建窑瓷，因含铁量高有“铁胎”之称，胎体厚重，胎质粗糙坚硬，釉质刚润，器物内外施釉，外釉近底足，足底无釉露胎。宋代建窑黑釉一般以茶盏等生活实用器居多，而黑釉水盂的文房用具却十分罕见。

时光会悄悄地飞逝，岁月也会在古老的器物上静静地沉积。晋瓷水盂口径6厘米，底径3厘米，高2.3厘米。黑釉水盂口径3厘米，底径2.5厘米，高2.8厘米。

18.清康熙窑变水丞

康熙瓷胎土精细，胎体糯米白，胎釉结合紧密，有一种硬玉质感。大器浑厚，小器精巧，修胎规整，常见两面斜削状，被称为“泥鳅背”。水丞，又名水盂，是用来盛水的文房用具。使用时用一柄小勺将水丞内的清水舀入砚膛，用来研磨习字书画。这只水丞为圆形，敞口、鼓腹，底足下收，圈足露胎。整体釉色为豆青，在鼓腹的一侧有窑变红釉，釉色肥厚，窑变淡雅，这也体现了清康熙窑变的典型特征。所有窑变都是在特定的温度、时间和环境中，产生的独一无二的孤品，不可预知却有着意想不到的视觉效果，有人形象地将它比做“美人痣”。

此水丞小巧，简洁而规整。口径5.2厘米，高2.5厘米，底径4.5厘米。

19.清乾隆青花水丞

文房还有第五宝，它就是水丞，又叫水盂。文房用具因小巧而雅致，最能体现文人雅士的审美情趣，属于品位较高的藏品，在收藏圈里被雅号为“文玩”。水丞除实用价值外，更多的是带有观赏陈设，它与书斋里的笔墨纸砚和佛像、香炉、茶壶等供置于案几上，终日与文人相伴，清心赏目、澄怀怡神。文人的审美情趣决定了审美价值，而审美价值的提升，无疑也导致了文玩价值普遍高于一般藏品。此件青花水丞做工十分规整，在淡青的地釉上，绘画了琴棋、书籍、花几等各式博古，儒丽典雅，青花发色雍容华贵，胎骨精细。水丞口沿及胎足上，各有两道双圈青花，釉色肥厚均匀，侈口窄肩宽腹，圈足内外兼修平整，水丞内外均施釉精细，美若处子。

底足内虽有手工圈痕，却平整无皱。口径3厘米，高7厘米，底径7厘米。

20. 清代竹刻松枝水丞

竹刻是中国特有的一门艺术，我国发现最早的是长沙马王堆西汉墓出土的彩漆龙纹竹佃，由于不易保存，传世品甚少。北周庾信《奉报赵王惠酒》诗云："野炉然树叶，山杯捧竹根。"可知当年竹雕器已较普遍。目前传世的竹雕作品主要是明清两朝和民国时期，竹子一般盛产于江南，历史上出现上海嘉定和江苏金陵两大流派。金陵派以濮仲谦为代表，此派竹刻风格由简朴逐渐转向细致。以浅刻或略施刀凿即可成器的特征。嘉定派则以"朱氏三松"（朱鹤、朱缨、朱稚征祖孙三代）为代表，涌现出艺术造诣较高以刀代笔的竹刻家，以深刻表现高浮雕或圆雕的艺术见长。发展到清早期竹刻艺术达到了鼎盛期，竹刻艺人不仅继承了明代的刻法又有不少创新，如吴之璠"薄地阳文"浅浮雕，封锡禄的圆雕，周颢的阴刻山水、竹石，潘西凤率意乱磨而得的天然之趣。清晚期以后大多竹刻者自己已不能画画，须请画家先画初稿，刻画分离让刻家变为单纯的刻工。此件竹刻水丞，刻者因势随形，运笔施刀，巧妙地对竹肌之筋稍加刻雕，让苍松的枯干虬枝如盘龙遒劲，松针相叠似华盖遮日。水丞的敞口则根据竹节自然的节疤，形成一道曲折有致的纹饰，顿感野旷之趣。

被时光浸染如同霜后的红叶，这种经年累月才能沉淀的包浆，触摸她时仿佛感受到静美的时光倒流。水丞口径5.5×3.5厘米，底径7×5厘米，高4厘米。

21.清光绪朱少泉浅绛彩笔洗

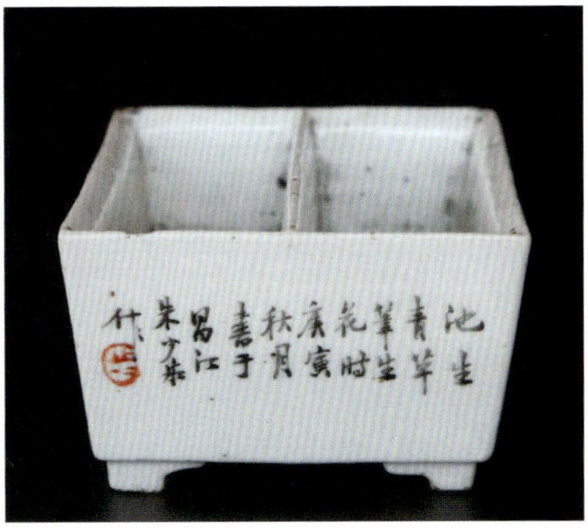

朱少泉在同治、光绪期间是景德镇御窑厂画师，为晚清时期一位浅绛彩瓷画大师。他主要擅长花鸟，用笔精细，色彩清淡雅丽，意境文人画味十足。这只笔洗一面画有青铜香炉、书籍、盆景、花瓶等博古，一面绘有青松、牡丹和仙鹤，另两面分别题有："池生青草笔生花，时庚寅（1890年）秋月书于昌江，朱少泉作。""南极星辉天上寿，当朝一品换鹤衣。仿新石老人笔法。"笔洗从中间隔开，分为两格，笔洗内壁和底面均施满釉。

笔洗有四足，底中间有"官窑内造"款。笔洗呈四方形，口径10厘米，高6厘米，底径8.8厘米。

22. 清代寿桃形笔洗

笔洗的形制以钵盂为其基本形，还有长方洗和各种花卉造型的仿生洗，是古代用来盛水洗笔的文房器具，不仅实用更可怡情养性。笔洗的材质丰富多彩，有玉石、玛瑙、竹木、牙雕和瓷器等，以形制乖巧、优雅精致深受文人墨客的喜爱。笔洗被做成半个切面寿桃形，周身是黄釉地，上面用红彩和蓝彩绘有寿桃和蝙蝠，并题有团形的“寿”字图案。笔洗的内壁和底部均为松石绿，釉色厚润亮丽，沿口和圈足均为白釉。

笔洗画有五只蝙蝠，意谓“五福捧寿”，福寿双全。笔洗口径12厘米，底径6厘米，高5厘米。

23. 宋代哥窑砚滴

砚滴又称水滴、水注、书滴，是中国古代的文房用具，用于贮存砚水以供磨墨。“哥窑”是中国五大名窑中唯一至今未解谜底的瓷窑，在陶瓷史上有着举足轻重的地位。“哥窑”被公认有以下特征：胎多紫黑色、铁黑色，也有黄褐色，釉为半透的乳浊釉，釉面泛一层酥光，釉色以炒米黄、灰青见多，釉面大小纹开片，自然形成“金丝铁钱”。这只砚滴呈炒米黄色，全身布满不规则的大小开片，形成自然的“金丝铁线”，岁月创造的神奇之美令人叹服。砚滴上面盘伏着一条犬，尾巴高高扬起成砚柄，犬的双耳、双眼和嘴巴都栩栩如生。砚注朝前翘起方便出水，犬的身后有一个小孔可控制出水快慢节奏。造型端庄古朴，器身釉色滋润腴厚，儒雅高贵。

砚滴底露胎黄褐色，犬是人类忠诚的朋友，这条犬定格在这，千余年不离不弃。砚滴腹径5厘米，底径3.5厘米，高6.5厘米。

24.清代鹤形铜砚滴

古人在使用水盂往砚里倒水时，往往水流过量，于是出现了便于掌控水量的砚滴。砚滴是一种滴水入砚的文房用具，文人大多喜用自己钟爱的动物造型，如蟾砚滴、龟砚滴、兔砚滴等，一般器形较小，握在手中便于掌握滴水量。此件砚滴为黄铜制成，细长的砚滴嘴酷似鹤颈，圆腹，盖顶与执柄连成一体，按动执柄时盖顶即可打开，砚滴倾斜时水从鹤嘴徐徐滴出。精巧的做工，优雅的外观，自然让人联想起“梅妻鹤子”典故，庭院里梅花像妻子一样与自己终日相伴，自小养大的仙鹤似孩子一样如影随形。

“闲云野鹤”的隐士生活，是古代文人向往和追求的目标。砚滴口径1.2厘米，底径2厘米，高5厘米。

25. 明代竹刻山水臂搁

臂搁是古代中国文人用来搁放手臂的文房用具，又称“臂枕”“竹夫人”。过去，人们用的是毛笔，书写时自右向左，稍不留意衣袖就会沾到墨迹。有了臂搁，既可防止衣袖沾墨，又可在抄写累时枕臂休息，尤其是在夏日，竹子性凉还有祛暑功效。据记载，臂搁在明初时就已出现，文人在书写休憩时常在臂搁表面刻上喜爱的书画，用于欣赏和把玩，明代一般很少有落款。这只臂搁左边是嶙峋的山岩，右边有数株苍虬的树木，在它们之间有条蜿蜒的小桥连接着。近景湍急的河流和礁石，有一只小舟在风浪中搏击旋转着，原来是一幅《野渡无人舟自横》的诗境。画面刀工挺拔，线条流畅，简洁清秀，意境高雅。

臂搁正反两面包浆润厚自然，红中泛黑，用手轻抚，清凉丝滑。臂搁长18厘米，宽5.5厘米，厚2厘米。

26. 清代福禄寿象牙臂搁

这是一只在清代出土的象牙上雕刻的臂搁，从臂搁背面风化的程度看，这只象牙有可能在地下隐埋了数百年甚至上万年的历史。但从臂搁表面雕刻的手工技法和包浆看，应为清晚期的一件作品。臂搁表面除了左边保留了一块出土时留下的风化痕迹，其余部分已刻成福、禄、寿三星人物与亭台、城门、山岩和树木等背景。三个人物表情各异却栩栩如生，树林和亭台等衬景又远近高低各不相同，最为奇妙的是左侧的那块细长的岩石，既保存了这块象牙原始的风化表层，又让岁月风化的颜色夺人眼球。

底座是一块黄杨木的原配插座。臂搁长17厘米，宽8厘米，厚3×1.5厘米。

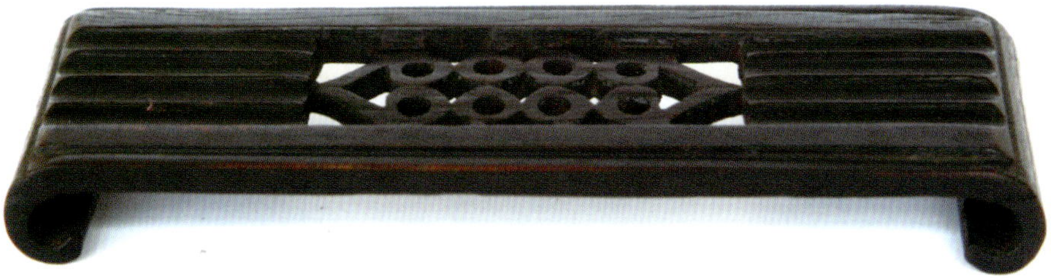

27. 清康熙紫檀墨床

墨床是中国古代专门用来置放墨锭的小案架，又称墨架、墨台，属文房用具之一。墨床一般根据墨绽的大小，量体定衣，造型多样，有座托形、书卷形、博古架形等，材质多为木、玉、瓷、铜等。目前资料记载最早的器物为明代，墨床是文房用具中传世量最为少见的品种。这只墨床外观极似一张琴儿，长条偏扁，两端弯曲内卷。墨床表面的中间有镂空花雕，两边是平雕纹饰，将磨湿的墨绽置放其上不会粘连。此墨床为紫檀材质，是在一块整料上雕琢而成，木泽光洁莹亮，包浆淳厚，书卷气十足。

需要指出的是，这只墨床是与前面的那方清康熙“清德堂”御墨，20多年前在徽州歙县孙宗权老师（其父是当年上海“徽州商会”副会长）手中一并收购的。墨床长12厘米，宽3.5厘米，高1.5厘米。

28.明代木鎏金地藏坐像

《地藏十轮经》谓其“安忍不动，犹如大地，静虑深密，犹如秘藏”。地藏菩萨像大地一样，含藏种种功德，能衍生一切功德，救度众生，故名地藏。地藏菩萨以“大孝”和“大愿”的德业被佛教广为弘传，因此又被尊称为“大愿地藏王菩萨”，成为汉传佛教的四大菩萨之一。唐朝来华求法的地藏比丘被认为是地藏菩萨的化身，这位新罗王族的僧人从长江上岸来到鸠兹（芜湖古称）广济寺，后从广济寺溯江去九华山开辟道场，九华山因此成为中国佛教四大名山之一。唐代皇帝唐肃宗特敕颁九龙金印于芜湖广济寺，并建“九华行宫”，故芜湖广济寺又有“小九华”之誉。此尊地藏坐像为木鎏金，地藏盘坐在木莲花坐上，底座四周髹黑漆描金莲花。地藏坐像为木质髹红漆，除面部、颈部和双手外全部鎏金，衣袂雕饰精美，左胸搭有一块绿色徽记，右臂至腹肚前有一条金龙缠绕，这也证实了传说新罗王子金觉乔的龙子身份。地藏王面目慈祥，双耳长垂，正是：众生度尽，方证菩提。地狱未空，誓不成佛。

数百年岁月的浸染，明代的鎏金一般都呈金黄中泛红，此尊地藏坐像也体现出这种特征。像高35厘米，底座24×21厘米。

29.清代铜观音像

观世音菩萨是佛教中慈悲和智慧的象征，具有平等无私的广大悲愿，当众生遇到困难和苦痛，如能至诚称念观世音菩萨，就会得到菩萨的护佑。在佛教的众多菩萨中，观世音菩萨也最为民间所熟知和信仰，所谓“家家阿弥陀，户户观世音”。浙江的舟山群岛普陀山，自古以来一直被视为观世音菩萨应化的道场。观世音菩萨能闻声救苦，到处行慈运悲，以此大悲行愿而救度众生，广做佛事。太虚大师曾说：“清净为心皆补怛（普陀），慈悲济物即观音。”哪里有虔诚的观音信仰，哪里有菩萨的广大慈悲，哪里就是观音道场。此尊观世音菩萨为黄铜所铸刻，观音坐在莲花之上，双目微视，十分安定祥和，左手托着一柄如意，右手捻着一串佛珠搭在膝上，左脚从裙摆下裸出。铜观音后背的上半部錾刻了三只翩舞的蝴蝶，似乎将要从禅境中飞出。因为长期供奉敬养，包浆淳厚，古朴庄重，熏香四溢。

敞口的底座内呈现出典型的清中期“失蜡法”铸造工艺。像高29厘米，底径14×11厘米。

30.清代铜释迦牟尼佛像

佛祖释迦牟尼出生在公元前六世纪，诞生于古印度（今尼泊尔）迦毗罗卫城，是迦毗罗卫城城主净饭大王的太子。因为太子降诞时具备一切祥瑞之兆，故命名悉达多，意谓“一切义成”。娶妻生子后，他29岁出家，所学的禅定和苦行都无法解决问题，35岁得到佛陀的自觉。余生的岁月，他的足迹遍布恒河流域，向各阶层说法教化，被尊称为释迦族的圣人。释迦牟尼汉译又作“能仁寂默”，又称“释尊”或“佛陀”。佛陀从不以神灵自居，佛陀的慈悲在其言教中随处可见，以缘起为本，又倾向无神论。佛教蕴藏着许多新文化的萌芽，因而广为普通民众和信徒所接受并膜拜。此尊铜佛像发作螺髻，身着袈裟，结跏趺坐于莲台上，左手托盂钵，右手垂于右膝。释尊禅定的神态，让万物仿佛都沐浴在佛陀爱的慈光中。

此尊佛像为红铜铸造，光色莹润。像高9厘米，底径5.5×3.5厘米。

31.清代铜鎏金观音像

观世音来自于竺法护与其弟子译的《正法华经》，玄奘新译为观自在，简称为观音。西藏拉萨的“普陀宫”（布达拉宫），也被视为观音化身处，“布达拉”得名，与普陀山得名一样，由梵文音译而来。唐代以前的观音，以男相居多，自妙善公主的传说以来，观音渐趋女相。此尊观音为铜鎏金坐姿，面相慈忍柔和，流露出女性母爱般无私的情怀和善容。观音脸朝右倾，左手抚膝，右手握书卷置于胸前。

鎏金虽被常年的炷香熏染，但仍依稀可辨。像高10厘米，底径6×3厘米。

32. 清代白芙蓉石弥勒佛像

弥勒佛，亦称弥勒尊佛，即未来佛。弥勒佛在中国民间普遍受到信奉，早在西秦时期甘肃炳灵寺石窟已有弥勒佛像的壁画，云冈石窟也有北魏时期的弥勒佛坐像。弥勒菩萨入世的箴言，在佛教各派别的经典中均有描述，故弥勒菩萨成为佛教的被救度的寄托。此尊弥勒佛像呈坐姿状，为福建寿山白芙蓉石雕琢而成。康熙帝“御赐朗吟阁宝”，雍正帝的“壶中元”“和硕怡亲王宝”，即为白芙蓉石所制，乾隆帝的百余枚寿山石印，其中有不少均是芙蓉石印。芙蓉石又称白芙蓉、白寿山，上品芙蓉石天生丽质，雍容华贵，微透明而似玉非玉，手感特别好，前人形容其“如脂如膏如腴”。这尊由白芙蓉石雕刻的弥勒菩萨，笑口大开，大肚袒胸，左手掖布袋，右手捻串珠，一副祥和喜庆之态可掬。材质凝结脂润，细腻纯净，加之百余年的风化，火气褪尽，更加滋养通灵，包浆老熟，肌里透黄。

弥勒佛像小巧精致，憨态可人。像高8厘米，底径10.5×5厘米。

33. 清代木雕观音、文财神、武财神像

之所以将这三尊木雕像供放在一起，是因为同时请自于同一处古寺庙，且三尊木雕均为清道光年间开始供奉。观音盘坐于莲台上，全身鎏金，脸微低、眼朝下，左手持瓶，右手抚膝。供奉财神寄托了人们辟邪除灾、迎祥纳福的美好愿望，文财神大多锦衣玉带、冠冕朝靴，脸色白净，面带笑容，一般是指文曲星比干或范蠡。武财神多为黑面浓须，骑黑虎，一手执银鞭，一手持元宝，全副戎装，为赵公明或关羽。两尊财神像一位黑色朝服鎏金花饰，一位红色武袍鎏金纹案，两人均左手持元宝，右手抚膝，带冠坐姿。像的后背均有方孔，打开后内有小铜镜、绸缎、谷粒等供品，还有清道光年供奉祈佑文字。

三尊木像品相完好，包浆自然老旧。像高32厘米，底经13×11厘米。

34.清末民初紫砂弥勒佛像

此尊紫砂弥勒佛像为盘腿坐姿，弥勒菩萨笑口大开，耳垂硕长，身披袈裟，袒胸露腹，右手提布袋，左手抚膝，在双脚间有一个木鱼。佛像底部有一枚方印款：温祖联制。温祖联是清末民初紫砂大师，苏州博物馆也收藏有一件温祖联的紫砂弥勒佛像。虽经岁月的磨砺，弥勒身披袈裟上的木棉图案和衣袂，连接处的寿字纹饰，依然精美典雅。因为采用的是朱泥，这种埋于泥矿底部质坚如石的“石黄泥”，其含铁量多寡不等，烧成后变成朱砂色、朱砂紫或海棠红色，泥质细腻，包浆润滑。

该尊紫砂像五官饱满鲜活，目光深邃穿透人心，憨态可掬的面容诠释了人世间的一切智悲和冷暖。像高15厘米，底径33×20厘米。

35.清代双耳铜香炉

作为焚香器具的铜香炉，不同时代的能工巧匠们做成了各种形制的铜香炉：有熏衣铜香炉、书房陈设铜香炉、敬神供佛铜香炉等。本铜香炉双耳外撇，古朴庄重，整体风格雄浑，铸工精致，色泽内蕴，包浆清雅温润，透射出飘逸内敛的贵气。炉腹圆润饱满，三足规整与炉身一气呵成。底款：大明宣德五年监督工部官臣吴邦佐造。吴邦佐是明代宣德时期铜香炉的宫廷御匠，为宣德皇帝的工部侍郎和宣德炉的督造官。此鼎香炉各种金属的元素都不具明代宣德炉的特色，应为清晚期一件仿品。

从炉壁内的使用痕迹看，此件铜香炉是为焚香敬佛之用。香炉口径15.5厘米，高11.5厘米，底款印4×4厘米。

36.清代绿釉描金双龙瓷香炉

瓷香炉内壁和口沿白釉，外壁施满绿釉，中心部位是一个露白描金的八角飞檐祭坛，两边各有一条五爪金龙缠绕香炉四周，龙身上下有瑞云烘托。香炉口是一圈描金回纹，下面是一圈海水纹饰，整个瓷香炉身绘画线条均用描金勾勒，灿然若新，也从侧面印证了当年使用的金箔的纯度很高，历经百余年仍熠熠生辉。这是一件同治至光绪年间的瓷香炉，应为祈拜敬供之用。

香炉底圈足露胎，底壁白釉。香炉口径10厘米，高8厘米，底径8厘米。

37. 明代“金玉满堂”青花香插

佛教传入中国后，各种香料和香器也随之传入，成为王公贵族与文人雅士重要的生活方式和喜好。早在春秋战国时期，我国就有室内薰香的习俗，焚烧的香料以天然草本植物为主。于是，各种香具也应运而生：除了最常见的香炉之外，还有香斗、香笼、香插、香盘、香箸、香铲、香匙、香囊等。香插是用于插放线香的带有插孔的基座，基座高度、插孔大小、插孔数量有各种不同的款式，以适用于长短粗细不同规格的线香。材质也有铜、银、瓷、玉等各种不同样式的香插，熏烟驱虫灭蚊消除秽气，亦可清净改善环境，袅袅青烟还可为困倦的书生提神怡心。这只扁圆形香插上手很沉，豆青色地釉上布满“开片”，灿若烟花的冰裂纹美不胜收，没有数百年的岁月是无法“绽放”的。香插周身在四个篆书的“寿”字间，用楷书写有“金玉满堂”，上端点缀着一圈鼓点纹饰。香插上面中间有个圆孔，可插放粗细适宜的线香，整个香插釉面肥厚，温润光洁，清丽儒雅。

香插底部露胎，质地坚硬。香插上下圆径均为7厘米，高5厘米，孔径0.7厘米。

38.清代焚香品茗提匣

焚香品茗，禅茶一味。宋代时期，在达官显贵和文人雅士阶层，普遍流行焚香、品茗、赏画、插花四种雅好，一直传承至清末民初。这个焚香品茗的提匣主要由老松木制成，高出一截的焚香炉内壁为铜质，可以焚烧香丸，用其内部产生的热度，可保持摆放在上面茶壶内的水温持久。旁边有一个圆格、一个方格和一个狭长的扁格，可以放置香丸、香铲、香匙、香箸等香具，下面两个抽屉可以存放茶叶等茶具。提梁由一根竹柄弯曲而成，因长期提拿抚摸“提梁”表层皮壳光亮如铜炳。提匣上部的口沿及格与格之间的连接口沿均为紫檀木镶嵌，做工十分机巧、考究、精美。焚香炉内外均有厚积的香熏痕迹，提匣木质皮壳古朴，包浆自然淳厚，时光仿佛倒流，将我们带回到先贤儒雅的生活之中。

提匣上下长宽均为21.5×16厘米，高17厘米。焚香炉13×12厘米，圆格4×4厘米，方格8×6厘米，扁格13×1厘米。

39. 宋代吉州窑“鹧鸪斑”茶盏

中国饮茶之风始于唐而盛于宋，在一些城市的酒肆茶坊，观茶色斗茶风兴起。为了更好地突出茶的汤色，当时烧制出黑釉茶盏，较为知名的有定、钧、建、吉、磁、耀等窑瓷器。吉州窑作为江南地区（今江西吉安）名窑，兴于唐盛于宋，衰于元末，尤以黑釉瓷名满天下。据《清异录》记载：永和造茶盏，花纹鹧鸪斑。试茶家珍之。冯先铭先生据此说：“鹧鸪斑”是吉安永和窑的独特风格，建窑遗址中没有发现有这样标本。鹧鸪斑是釉中铁质元素形成类似鹧鸪鸟胸前黑白相间羽毛状的斑纹。相传宋徽宗有一次与宰相蔡京在池边饮茶，当汤汁注入星星点点的天目盏中，好似满天星斗在晃动，徽宗灵光乍现叹道：星空虽美好，要是有轮满月在盏中沉浮会更有诗境。此后蔡京命人在吉州窑日夜创烧，经过近一年的艰辛尝试，终于在黑釉上烧制出一圈圈银白色的斑纹。一天在御园中，蔡京将烧制成功的茶盏奉上时，宋徽宗手持满月盏爱不释手。突然不远处的山林传来几声鹧鸪叫声，徽宗说满月盏名称不够雅，还是叫鹧鸪盏更好。辛弃疾在江西任职期间，望着盏中晃动的星月，心旌摇曳地写下：“江晚正愁余，山深闻鹧鸪。”此盏内外均施黑釉，除盏沿有褐黄色外，盏内外黑釉上均洒满银白色“鹧鸪斑”纹。胎体厚重，釉色莹润，在吉州窑“木叶纹”“玳瑁纹”“虎皮纹”等各种纹饰中，“鹧鸪斑”是最难烧制成功的，因而成为吉州窑中最为珍贵的品种。

底足露胎，呈米黄色。盏口径14厘米，足径7厘米，高4.5厘米。

40.清代黄花梨多宝阁

多宝阁是专为陈设各种古玩器物的，又称“百宝阁”或“博古阁”。家具是不同历史时期、不同文化背景的体现，中国自汉唐以来家具就崇尚简约风格，民风淳朴，人们往往席地而坐。为适应这种民风，长期使用适宜席地或跪坐时使用的低矮家具。此件多宝阁为明式，材质是黄花梨，制作年代应为清中期。既可摆放在炕席上，也可放在稍大一点的矮柜上。多宝阁共分三层，除两处有橱门和一个抽屉外，其余均为敞开式隔层，可展示大小不一的古玩摆件。多宝阁的所有面板和隔板流畅的纹路非常清晰，隐约的鬼脸纹，沉静而不张扬。用手轻抚似婴儿面般光滑柔润，在光影的照射下，岁月的沉淀还会形成半透明琥珀质感，润莹如玉让人爱不释手。每遇阴雨天，走近她时还能闻到一缕诱人的清香。以上的所有特征均与海南黄花梨相吻合，面板除外的条框均为紫檀，做工简约大方，古朴典雅，虽经百余年沧桑没有丝毫损伤，令人赞叹古人的鬼斧神工和匠心独运。

在看似简洁的明式风格中，所有横竖条框和橱门，均有阴阳刻线装饰，这些细节自然精美。多宝阁长72厘米，宽28厘米，高95厘米。

41.清代红木多宝阁

红木家具是指用酸枝、花梨木等古典红木制成的家具，是明清以来对稀有优质硬木家具的统称。在酸枝木中，黑酸枝木质最好，颜色由紫红、紫褐和紫黑色，木质坚硬，能与紫檀媲美。其次是红酸枝，颜色大多为枣红色，纹理顺直，俗称“老红木”，在古典家具中广为运用。白酸枝颜色较红酸枝要浅的多，是对材质差一些红酸木的不规范称谓。本件多宝阁由红酸枝木面板和紫檀条框镶嵌制作而成，年代为清晚期，隔层分为三层，有三个橱门、三个抽屉，其余均为敞开式隔层。橱门上均雕有“寿”字和蝙蝠图纹，寓意福寿双全。木质包浆深沉，庄重贵气，散发着一种温文尔雅的迷人光泽。

古典家具中有句行话，叫“老东西自己会说话”。多宝阁长75厘米，宽28厘米，高96厘米。

42.清乾隆龙凤呈祥石础（一对）

石础，是指建筑房柱下的基石。唐代诗人王泠然在《汝州薛家竹亭赋》中写有："一门四柱，石础松梠。"古人很讲究生活的艺术，飞檐琉瓦、雕梁画栋、亭台水榭、祠寺石础，无不精雕细琢，让人流连忘返。一般来讲，带"披肩"的石础主要出现在明末清初，图案较为单一简明，而雕工繁缛奢华的多为"康雍乾"清三代精品。这对雕工精美的龙凤呈祥石础，采用高浮雕和满工的技法，是典型的"乾隆工"。沿石础表面一圈房柱刻满"卍"字纹，代表这对石础与佛相关，应为某个名寺的建筑房柱下的石础。该石础为六角形，六面有六个披肩，披肩是古朴的"回"字纹。每个披肩中都雕刻中国古代的瑞兽，其中一个石础上一面是高浮雕的龙，另一个石础上一面是凤，其余每面是双狮戏球、麒麟、仙鹤等各种祥瑞之兽画面。值得一提的是一般石础都是无足平底，但这对石础每个都有六足向内收紧，且在足与披肩外全部雕有如意云纹菩提树叶和吉祥花饰。浮雕高凸，线条流畅，极具立体感。自然凝重的包浆，古朴苍遒的石筋，似乎在向人们倾诉着曾经的沧桑烟云和往生轮回。

清晚期因战乱和动局，民间多有"龙"形图案出现，但在清三代康、雍、乾时期，除朝廷授旨外，民间是不允许随意出现龙形图案的，因而这对石础的寺庙一定与朝廷相关。石础上圆径33厘米，底足径38厘米，高35厘米。

43. 清乾隆瑞兽门当（一对）

门当，又称门墩、门座或门台，是古代传统建筑门口相对而放置的一对石墩。不同等级的家室门当也有所不同和规定，圆形门当一般为官宦之家，商贾等人则必须用方形，但官宦的家里，宅内庭院大门也可用方形。门当主要以箱形和抱鼓形居多，还有狮子形等其他形状，民间传说门当置放宅门前能辟邪。户对，是用于中国传统民居的大门顶部，作为装饰门框构件常成对出现，文官用方形，武官用圆形。这些都是地位的彰显，古人说的“门当户对”原指建筑的装饰构件相呼应和匹配，在现实生活中已延伸为婚姻观念的标准，男女双方社会地位、家庭职业等诸多经济和文化的综合考量。此对门当为青灰石，外观呈箱形，在左右竹节纹之间一只高浮雕的瑞兽，仿佛从石中跃出，在上下卷云纹和如意纹映衬下，显得格外栩栩如生，迎面是两个相交的菱形纹。这种近乎满工的石雕，在行内俗称“乾隆工”，只有在乾隆盛世才会这样不计人力和财力工本去精雕细琢。瑞兽象征祥瑞之气，广迎四方宾朋，接纳天地人和、子丑寅卯八面吉辰。

历经数百年的风雨洗礼，在这对门当上滋生出几条经纬线石筋，使其更显岁月的沧桑。门当长55厘米，宽20厘米，高33厘米。

44. 清代袁枚款英石

作为中国四大玩石之一的英石，产于广东英德。经过大自然千百万年的日晒雨淋风化，岁月的神工鬼斧将英石雕塑得玲珑剔透。本件英石细长，全身皱漏，中间却奇妙地一线空隙，别有洞天。绝美地诠释了“瘦、皱、漏、透”于一身，极具自然之妙和观赏价值。在该石的右上角用篆书刻有“天趣”两字，落款是：壬申秋，袁枚。袁枚是清代乾嘉时期代表诗人和玩家，字子才，号简斋，晚年自号仓山居士、随园主人。袁枚非常崇尚生活情趣，在辞去江宁县令后，于四面无院墙的“随园”怡然自得，放情声色，门联上写道：“放鹤去寻山鸟客，任人来看四时花。”两百余年的时光浸染让这件英石异常宁静润泽，石虽不言，大美涵之。

小巧典雅的英石品相极佳，非常适合置放在书桌案几。英石宽15厘米，高（连底座）37厘米。

45.清代白太湖石

作为中国古代四大玩石之一的太湖石（英石、灵璧石、昆石），因产于太湖而得名，主要是指产于环绕太湖的苏州洞庭西山、宜兴一带的石灰岩。其中以产自苏州洞庭山太湖边的太湖石最为著名，由于长年水浪冲击，产生许多窝孔、穿孔、道孔，形状奇特竣削，自古受文人雅士和造园家青睐。太湖石有三类：白太湖石、青黑太湖石、青灰太湖石，因白太湖石极其罕见，故在太湖石中尤为珍贵。古人云：园无石不秀，室无石不雅。一石一雕塑，自然天成，永不重复，超凡脱俗，令人赏心悦目。此件太湖石色泽牙白，白中闪黄，凝重古朴，质地如磬，莹润似玉。经过数百万年的自然雕琢，周身遍布各种窝孔、穿孔、道孔，却毫无凿痕，浑穆灵秀，天然雅趣。因长期的把玩，石肌已呈现自然的皮壳包浆，温润淳厚、苍然老沉。

百余年前她从太湖之滨走来，至今依然娴静润泽，像是一位走出庭院深阁的大家闺秀含而不露。白太湖石宽50厘米，高（连底座）53厘米。

46. 民国太湖石

太湖石又称贡石，也称洞庭石，是中国四大玩石之一，久享“千古名石”之盛名。太湖石产于苏州府洞庭湖，属于石灰岩，多为灰色和黑色，鲜见白色。石性坚而润，嵌空穿眼，宛转险怪。其质纹理纵横，石面坎坳，因风浪常年冲击，形成大小不一的孔窝。在中国四大传统名石中最能体现“瘦、皱、漏、透”这一赏石标准，具有较高的审美和收藏价值。太湖石天生玲珑婀娜的姿态，所透出的美的意蕴，与古代文人雅士的踌躇满志和仕途坎坷息息相关，表露出士大夫对美的渴盼、坚贞的追求和天人合一的思想境界。此件太湖石呈青灰色，上宽下窄，全身遍布数十个大小不一的孔洞，若以一炉香置石底，则孔孔出烟，以一瓢水灌石顶，孔孔皆流泉。通灵剔透，含蓄内敛，委婉俏丽。

由五个天然树瘤结成的瘿木石座，四周随势镌刻着几只壁虎，平添了几分野趣。石宽30厘米，石高（连底座）57厘米。

47. 清代锡鎏金“寿”字烛台（一对）

我国烛台的历史可追溯到夏商周，从战国到汉代的铜制烛台造型丰富多样，唐宋以后器型变化不是很多，到了明清主要用红木玻璃做宫灯，也有一些用铜、锡、瓷制的烛台。清代的烛台根据不同的用途而有不同的造型，比如佛堂前用的烛台造型就与佛教相关，给老人用的烛台基本就与福寿相关。此烛台为一对，形制为“寿”字，寿字顶端是四方口，边沿有回纹雕饰，上面可插放点燃的烛火。寿字下方是一个三层基座，上层有飞檐，中间四面为鎏金博古图案，最下一层是带沿边的四足，敦实稳固庄重。锡面因氧化作用包浆厚重，颜色趋青灰，镂空的鎏金博古依然金光熠熠，显得十分精美高贵。烛台上方莲叶座上可拆装贮放洋油的“铜烛”，身披红袍的“铜烛”前后各写有两个篆书的“寿”字。倘不是达官贵人和富商人家，是难以会有如此奢华的庆典陈设。

如此硕大又品相完好的一对锡鎏金“寿”字烛台，十分罕见。基座长15厘米，宽11厘米，高65厘米。

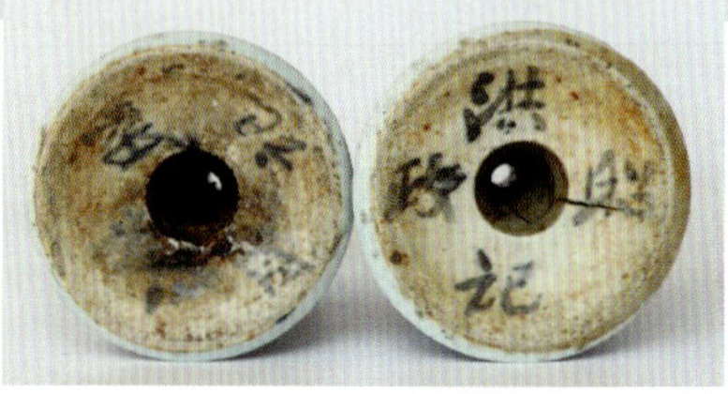

48.清代青花烛台（一对）

宋代以来的古丝绸之路上，商人从伊斯兰地区将钴蓝色料运到国内，青花瓷的出现是中国瓷器的重大转变，这就是著名的“苏麻尼青”。元代的瓷匠们逐渐开始用它绘制瓷器，并引发了一场意义深远的艺术变革。明代是伊斯兰教在中国迅猛发展时期，一些明代的青花瓷上也见证了宗教信仰改变了人们的审美情趣。明清时期民间的青花瓷形制、图纹和花饰，均保留了明显的地域文化、宗教崇拜和审美倾向。这对清代青花烛台，形制如两只杯底相接的酒杯，一只杯口朝天，一只杯口朝地，或许有祭天祭地之寓吧。在鸭蛋青的地色上，用典型的“苏麻尼青”绘制“吉星高照”等一些吉祥祈福的象形文字和宗教图腾的符号，古朴而神秘。烛台上下口沿都有双线圈饰，上面的盏口中心有圆孔，可以插放烛钎，点燃人们美好的愿景。

烛台底露胎内凹，写有“洪记昭政”。烛台上口径8厘米，下口径10厘米，高13.5厘米。

49. 清代榆木佛龛

广义的佛龛是指用来供奉佛像、神灵和祖位的阁子，一般多为木质，多摆放在朝南的大门正厅中，位置要高，旁边不能有厨房、厕所等杂物。我心即佛，每一位母亲都是我们心中的“慈佛”。大同世界，如果人人皆佛，那该是一个多么真善大美的世界啊！这件清代佛龛由榆木制成，有“北榆南榉”之誉。早期的榆木以制成供奉家具为主，如供案佛龛等，形制古拙，多陈设在寺庙家祠。尤其是紫榆天生黑紫，无漆无饰，包浆莹亮，木纹遒劲，抚之追昔。本佛龛正面有柱廊，正上方描金的屋檐下有“才子寿”牌匾，下面分列着七个人物，两边是吉祥的龙马和花鸟图案。柱廊内上方也有描金纹饰，下面是浮雕莲花如意，四足向内上卷。整个佛龛做工规整，庄重大气，精美雅致。

龛内的红木盒里，供奉着七卷《曹氏宗谱》。龛长57厘米，宽45厘米，高73厘米。

50. 清代扇雕案屏（一对）

屏风自古由实用器逐渐衍化成文人雅士厅堂的摆设和案头的文玩艺术品。古代的房屋不如后人的住宿严密结实，起初只为挡风，故名“屏风”，后来逐渐起到隔断美化、遮隐视线、欣赏把玩等艺术功用。按类别分，屏风主要分围屏、插屏、挂屏、案屏等，这种体积较小的插屏、砚屏、案屏，娇小玲珑，饶有雅趣，深受文人喜爱。唐代诗人杜牧诗曰：“银烛秋光冷画屏，轻罗小扇扑流萤。天街夜色凉如水，卧看牵牛织女星。”这对清代案屏，每件为两块垂直相连的木雕组合，每块都有边框，内为扇形人物典故，四周是镶嵌的螺贝，下面是一细长的镂空花雕，最下方的基座有云纹刻线。高浮雕的人物和镂空花雕等纹饰，鎏金至今仍熠熠生辉。每扇画面中雕刻的人物形态和表情栩栩如生，这应该是置放在书房的条（画）案上两边对角的案屏，用以激励主人写书作画，也可以遮挡阳光和微风吹干砚台里尚未用完的墨汁。

四块扇画木雕的背面，均有一方内容神秘的图文印。案屏上宽32×32厘米，下宽38×38厘米，高17厘米。

51. 明代桃木雕狮

据史书记载，狮子最早传入中国是在汉代，汉武帝时就有“大宛之北，胡人献狮”。狮子很长时间都是作为皇室专用，这也让它成了权力的象征。在历朝历代中，明朝是进贡狮子最频繁和活跃的时期，由于中国本身并不出产狮子，大多从西域进贡而来。在宅府大门前置放石狮，或是在房屋建筑的物件上雕刻狮子，抑或是在家中特定的位置摆放铜、木、瓷等材质的狮子，被认为能护佑平安、镇宅辟邪。故明清以后，民间也十分流行供奉百兽之王的狮子。这件开相喜庆、雕工简明、神情活泼的狮子，有着典型的明代特征，嬉皮笑脸地双手捧着镂空的绣球，尾巴上翘到后背的卷毛上。该木狮选用的是有“神木”之称的桃木，古人传说桃木是夸父追日渴死时，手中之杖长出的一片神奇的桃林。过去人们将桃木做成神荼和郁垒二神木雕挂大门两侧，令鬼邪不敢入。因此这件用桃木雕成的明代狮子，应该是置于厅堂用来镇宅驱邪的。

狮脸与四肢木质发黑，包浆润厚，其余狮毛仍残留着淡淡的红色，古拙凝重，祥瑞吉相。卧狮长36厘米，宽13厘米，高20厘米。

52. 清代琉璃绿釉狮（一对）

除了古法琉璃在一千度以上的火炉上，将水晶琉璃母石熔化而自然凝成高贵华丽、流云漓彩、晶莹剔透，光彩夺目的琉璃外，还有一种琉璃主要用于传统建筑的宫殿、庙宇和艺术装饰的一种带色陶器琉璃。这类琉璃虽不具玻璃质感和透明，但它光可鉴人的釉面也明显有别于一般的瓷器。此对清代琉璃狮，全身施满绿釉，光亮莹泽，釉面细腻，温润如玉。在光线的折射下，呈现出五彩的“蛤蜊光”效果。双狮均蹲立在四面披肩的基石上，雄狮左前爪戏球，雌狮右前爪抚幼狮，双狮怒目张口，十分威严，全身鬃毛和肢体线条流畅。

双狮底座露胎，颜色米黄。基座9×7厘米，高33厘米。

53. 清代素三彩狮（一对）

清代素三彩是从唐三彩、明三彩逐渐演变发展而来，与前朝三彩、五彩、斗彩相比，素三彩是在素胎上挂低温彩釉。素三彩包含两层意思：一是该器使用素胎，指在陶瓷生坯没有上釉前预烧的胎；二是古代有红为荤色，非红即素之说，故称素三彩。“素三彩”最早见于明正德年间，在未上釉的素胎上施以绿、黄、茄三色而烧成。清康熙年间曾有精品出现，但颜色已不局限此上三种，也有黑地素三彩、白地素三彩等宫廷重器。清末民初多有素三彩仿制，但已无法与清早期康雍精品所媲美。这对素三彩蹲狮除浅褐色的基石外，选用了传统的绿、黄和茄紫三彩，狮相庄严，雄雌相峙，老旧的包浆让人格外感觉岁月的沧桑之美。

这对清代素三彩狮，基座8×6厘米，高26厘米。

54.清“乾隆年制”款琉璃赏瓶

清康熙三十五年（1696年），内廷成立了琉璃厂，从属内务府养心殿造办处，专门为宫廷皇室制造各种琉璃（玻璃器）。乾隆十分重视西方的科技，一些身怀绝技的传教士被纳入清廷，此时的玻璃品种比任何时期都要丰富，有单色、套色、金星、刻花等多种工艺，器形华美、纹饰繁缛、雕刻精致。此件半透明珍珠泡地琉璃套彩赏瓶，俗称“唾沫地”“霏雪地”，全身布满“霏雪”的银星，另外还套彩了两种颜色，黄色的平地和凸出的红色雕刻。在黄地上有水波纹线条，红色的为鹭、莲、如意和装饰纹，寓意“一路连科”“年年如意”。明艳的色彩已褪去了岁月的铅华，一切的功名利禄都已灰飞烟灭了，唯有这只小巧玲珑的赏瓶依然定格在视线之中，仿佛被岁月遗忘的伊人。

马蹄形的赏瓶，也许隐喻了春风得意马蹄香的诗韵。瓶底圆足内有一方篆书印款：乾隆年制。瓶口径3厘米，底径8厘米，高15厘米。

55. 宋代青花“春”字碗

青花瓷始于唐，兴于元，而有关宋青花的记载却很少。据《宋青花的发现与研究》中确切记载：①1957年2月在浙江龙泉县城南金沙塔基下层夯土中出土的13块青花残片，经拼凑确认为3件碗的口、腹部残片，青花绘于器物内外两壁，题材有盛开的菊花和复线圆圈纹，青花呈蓝黑或灰蓝色。拆塔时发现塔砖上模印有“太平兴国二年”文字（北宋初年）。②1970年在浙江绍兴翠环塔基下出土一块青花翻口碗的腹部残片（南宋咸淳元年）。③1973年，北京市文物局赵光林在日本东京达仁堂古玩店见到一件南宋青花瓶，高33厘米，长颈、鼓腹、砂底，有火石红斑，两侧塑有鱼形耳，正面腹部直书“隆兴”两字，釉色泛青，表明是一件含钴量低而含铁量高的青花器。④2003年，武汉市文物考古所在重庆巫山县胡家包墓地出土青花瓷碗，敞口外撇，圆唇弧腹，平底加矮圈足。内壁绘3圈青花圆圈，内底有一字符，青花蓝中略泛灰黑（北宋晚期）。⑤2005年，河北省文物研究所在宋代地层中发现一片青花枕面残片，白釉泛黄，釉下施化妆土，瓷胎颜色偏红，瓷质疏松。⑥英国大英博物馆藏有一件宋哥窑大碗，碗底中心用青花钴料在釉下书“宝用”两字，青花发色晕散，呈蓝黑色。⑦《中国青花瓷》介绍：近年在江西景德镇郊区发现大批宋代青花瓷片，碗底部带有草书海字形图案，碗边缘有波浪纹，纹饰呈色晦暗，为带一点青味的灰黑色。综上所述，考古发掘和传世文物都证实宋青花的存在和特征。本件青花碗瓷质疏松，灰白色胎，地釉白中泛黄，青花发色晕散，呈蓝黑色，碗内壁口沿有一圈青花纹，内壁底部有一圈火石红，火石红内有一个青花草书的“春”字，在火石红外有双圈青花纹。该碗所呈现的烧制工艺和特点，均符合上述宋代青花的所有特征。宋青花本身就很罕见，品相完好的宋青花更是凤毛麟角，因而这件宋代青花“春”字碗弥足珍贵。

矮圈足砂底胎颜色偏红，碗口外撇，圆唇弧腹。碗口径12厘米，底径4.5厘米，高5.5厘米。

56. 清代松石绿福寿碗

碗的外壁为松石绿地，周身一圈绘有九颗白里透红的寿桃，喻义长寿，并题写：仙桃添福寿，松柏万年春。碗口外沿是如意纹，内沿是象征福寿连绵的纹饰，圈足上画有一圈回字纹，古朴而典雅。碗内中心位置在黄地釉上，画有一只动感十足的绿釉麒麟，似在祥云中阔步前行，傲视群雄。整个碗内外画工细腻规整，庄重大气，颇具大家风范。

底足修胎平整精细，碗底有篆书“大清乾隆年制”官窑款。该碗口径11厘米，底径6厘米，高7厘米。

57.“大清乾隆年制”款鸡缸杯

成化斗彩鸡缸杯是中国古代陶瓷中的艺术珍品，属于明代成化皇帝的御用酒杯。2014年，藏家刘益谦在香港苏富比拍卖会上，以2.8亿元港币将这只酒杯带回上海。最早载有成化斗彩鸡缸杯的明万历《神宗实录》：“神宗时尚食，御前有成化彩鸡缸杯一双，值钱十万。”这应指鸡缸杯价值相当于当时流通的铜制十万枚，“十万”只是形容很多的虚数。之后，历朝历代均有仿制的鸡缸杯，乾隆帝还曾旨令景德镇御窑仿制，并在该器上御题诗：“李唐越器人间无，赵宋官窑晨星看。朱明去此弗甚遥，宣成雅具时犹见。寒芒秀采总称珍，就中鸡缸最为冠……”此件鸡缸杯形制和款识均按乾隆仿制的鸡缸杯烧制，有稚童逗雄鸡、母鸡带小鸡、太湖石、花卉和绿茵，以及乾隆皇帝的御笔题诗。虽然底款是六字篆书“大清乾隆年制”官窑款，但综合其瓷釉、画工、圈足等各种特征，应是一件清光绪年间的仿品。

做工虽不及前朝规整，但瓷质细腻光泽，温润如玉，在光照下透明清晰，小巧玲珑让人爱不释手。口径5.5厘米，底径2.5厘米，高5厘米。

58.清“萧洽盛”锡制茶罐

潮汕地区锡矿丰富，早在战国时代潮汕人已开采锡矿，宋元以后潮汕地区出现锡器实物，尤其是明清至民国时期，潮汕制作的酒具、茶具、文具、祭具等锡制品，开始流向海内外。在众多的锡器作坊中，有三个地方的锡匠家族，成为潮汕最知名的制锡家族。一是潮阳棉城的颜氏家族，还有一家是潮阳峡山的萧氏家族，另一家是大埔的杨氏艺人。在日本和东南亚一些博物馆中，至今还珍藏有潮阳这三大锡坊制作的老锡器。此件锡茶叶罐呈圆筒形，共分三层，最上一层是盖帽，在两个卷叶纹框内，分别题有“浮绿”和画有蜜蜂花卉。中间是一个隔层凹盖，下面是茶罐主体，同样在两面卷叶纹框内，一面画有苍松飞鸟，另一面题有“六班名茶”。六班茶是一种茶名，袁枚《随园诗话补遗》：“知郎新病渴，亲试六班茶。”锡制茶罐密封性好，可长期保持茶叶的色泽和芳香，该茶罐两层盖往上拉时均能感到一股吸力，揭盖放手后罐盖又迅速回弹至原位，可见工艺之精湛。历经百余年的时光，原先银白色的锡体已氧化成一层深灰色包浆，古朴苍浑。

在两层盖的内面和罐底，三处都分别刻有圆形印款：玉峡，真料，萧洽盛，点铜。罐口径7厘米，底径8厘米，高23厘米。

59. 民国三年吴曾祺的《旧小说》（20本）

吴曾祺（1852—1929年），清末民初藏书家、训诂学家，字翼亭，亦作翊亭，人称涵芬先生。光绪二年（1876年）与其父同时考取举人，历任漳州中学堂监督、全闽师范学堂教务长。后受聘上海商务印书馆，主持古今秘籍珍本编辑，宣统二年（1910年）编成《涵芬楼古今文钞》共100册，严复在序言中誉之"艺苑巨观"。1914年主编有《涵芬楼藏书目录》，同年（民国三年）《旧小说》（全套20本）由商务印书馆出版。该书由吴曾祺执笔主编，全书分甲乙丙丁戊己集，甲集收汉魏六朝，乙集收唐代，丙集收五代，丁集收宋代，以及戊集金元明和己集清代。这套书是研究古代小说类著作重要丛书，具有重要的学术和史料价值，与现代小说不同，《旧小说》包括杂事、异闻、琐语，且汇集诸多名丛文史。

历经百余年沧桑，这套书原配的楠木匣依然保存完好。匣长22厘米，宽15厘米，高18厘米。

60.清代铂金眼镜

铂极为稀有，是一种天然形成的白色贵重金属，又称铂金或白金。月球和陨石中的铂含量更高，在地球上经火流星撞击后火山喷发的区域会有较高的铂元素，因此它又被蒙上一层神秘的色彩。主流学术观点认为铂产生于超新星爆炸，或是两个中子星相撞形成的重元素。人类最早使用铂可追溯到公元前1200年的古埃及，法老墓中象形文字所用的金内发现了微量铂。伊丽莎白王后冠是为乔治六世的加冕而特制，其框架就是以铂作为材料，现如今“白金”已成为尊贵的象征。此副眼镜为铂金圆框，鼻架是象牙，同样也用铂金将其与两个镜框相连接。镜架是用黄金制成，为了便于镜架容易弯曲富于弹性地戴在双耳上，弯曲的部分都做了细皱处理，工艺十分考究，至今仍能正常完好地使用。两只镜片均为原配的水晶片，是老花镜片，估计当年使用它的神父或传教士，应是一位风度翩翩的长者。

为了更好地保护这副珍贵的眼镜，笔者专门为其配置了一个清代髹漆镜盒，在黑地上用杏色题画了兰草和咏兰诗，完成了东西方文化的合璧。铂金镜框直径4.5厘米，黄金镜架长16厘米，象牙架1.5×0.7厘米。

61.清代银蝉鼻烟壶

鼻烟壶最早起源于美洲，16世纪后被到美洲探险的旅行家带回欧洲，明末清初又传到中国。鼻烟是一种烟草制品，将烟叶烘烤后去茎、粉，发酵并加入香料配制而成，装入特制的小壶中用鼻嗅服。材质上来分，鼻烟壶有金、银、铜、玉、珊瑚、玛瑙、翡翠、水晶、瓷器等等，在上面刻制、绘画、题诗，后来成为人们手中把玩的艺术品。上自王公贵族、文人士大夫，下自庶民百姓，尤其在晚清吸闻鼻烟甚是风行。此件鼻烟壶为银质，外观像一只蝉，蝉身的线条和纹饰清晰自然，壶盖包裹着一颗玉珠呈冠状，由一条银链固定连接。将盖取出即可当小勺使用，设计极为机巧，壶底有“吉祥”刻款。蝉与禅谐音，在禅静中体悟生命的真谛，在纷扰的世俗里寻求出世的禅境。

蝉眠百年，寒梦不语。壶宽45厘米，厚3厘米，高10厘米。

62.清代翡翠发簪（一对）

簪子分为发簪和冠簪，是用以固定头发或顶戴的发饰，同时也具有装饰作用，深受中国古代女性的喜爱。材质主要有金银、玉翠、玛瑙、水晶等，清代女子的头饰主要有簪子、发钗、步摇这几类，是女人出嫁时妆奁中陪嫁之物，用来陪伴女人的一生。在清代，翡翠的珍稀与贵重，远远超过了黄金与其他玉种，非名门望族一般享用不到翡翠发饰。这对碧绿的翡翠簪首，被修长的银身包裹着，刻有花饰纹线，曾经的那双纤纤素手将这对尖细的簪脚斜插进如云的发髻中，碧簪与桃面相映，见证这位优雅温婉的女子一生中最美的画面。物是人非，碧绿的翡翠发簪依在，吟笑春风的桃面美女却不在。在自然和万物面前，人生都是过客。

这对碧翠浓郁的发簪，水盈盈完美地保存至今实属不易。簪首翡翠长3厘米，厚1厘米，银簪长7厘米。

63. 汉代绿松石护符（一对）

绿松石因形状似松果，色如松绿，故而得名。据史书载，绿松石被人类奉为神石佩用，已有五千余年历史。多数文明古国都崇尚绿松石，如埃及、波斯等，在我国古代人们将它与宗教联系在一起，被视为佛教“七宝”之一。镶嵌在部落权杖、皇冠、配刀、衣物之上，传说有神奇的护符功力，或是雕琢成神圣祭品和法事装饰，用于各种不同文化的宗教仪式。松石的产地以古波斯、埃及、西奈半岛和我国的云盖寺为最佳，目前市场上也出现了许多人工合成的绿松石，具有典型的蓝色微小颗粒，有时表面也有人工“铁线”。总体来说优质的天然绿松石非常少见，如果是数百年甚至上千年的老绿松石更为罕见，传说中女娲补天用的五彩石中就有绿松石。此对绿松石幽蓝亮泽，莹温如玉，包浆厚润，给人一种远古的神秘感。这对汉代雄雌绿松石护符，是笔者请鸠兹老字号艺人用24K黄金重新手工打制装饰而成，在绿松石雄护符戒内刻有“百壶居”，以示护佑夫妻恩爱并传承后世。

今月曾经照古人，古人不见今时月。这对汉代绿松石护符何尝不是呢？但愿它能成为真善美和幸福的见证，护佑亘古的正义与吉祥。

64. 明代犀牛角刮痧板

犀牛有亚洲犀牛与非洲犀牛之分，药用价值较高的为亚洲犀牛角，功能有清热，凉血，定惊，解毒。犀角性寒，能清热而定惊，养阴生津，凉血解毒，对于身发斑疹、高热神昏，均有不同程度的疗效。自古犀角就是传统中医的神药，有碾成粉末配以其他中药服用的，更有制成刮痧板直接在人体的肌肤上推拿，通过刺激人体的相关经络、穴位，从而达到健体养生的效果。有活血化瘀、疏通经络、行气止痛、清热解毒、健脾暖胃、调和阴阳等功效，刮痧被视为是中医一种传统的绿色疗法。由于犀牛被列为世界极度濒临灭绝的保护动物，20世纪80年代起，刮痧板基本用铁板、勺子、瓷器、玉石代替，最好的材质也就是砭石和水牛角。这只犀角刮痧板呈肾形，中间自然的凹槽也保留了犀角原始角根经络，从这么小的形制和细密的纹路判断，应为亚洲犀牛角。随着年代的增长，犀角颜色逐渐由半透明的琥珀色、渐红渐暗，再逐渐深红变黑红，综观上述特征，这只犀角板至少已有数百年，应为明代的亚洲犀角刮痧板。此犀角板黑红，内面深红，因为长期使用两边弧角已被刮成直线，在强光照射下，整个犀角板呈现血红色。

通体的鱼子纹是犀牛角独有的特征，也是任何其他兽角都没有的，厚润老沉的包浆也让我们更加珍惜和缅怀这些与人类和谐共处的动物朋友。犀角板长8厘米，宽5厘米，厚2厘米。

65. 唐代越窑青瓷点彩粉盒

古代的粉盒也叫香盒或黛盒，是妇女存放脂粉和香粉的化妆盒，它不仅成为女人日用的生活妆奁用品，也逐渐成为达官贵族之间馈赠夫人的时尚礼品。越窑是古代浙江著名的青瓷窑，烧造年代自东汉至宋代，唐朝是越窑工艺最精湛时期，瓷质和釉色之美，博得当时诗人赞美“越泥似玉之甄”，使之成为中国五大名窑之一。这只小巧的粉盒除足胎外，内外壁均施青釉，瓷胎细腻，胎壁较薄，釉质腴润，底胎致密，精细轻盈，都颇具晚唐越窑青瓷特征，而非初唐时胎质灰白而疏松。尤其是盖面的褐色点彩施在沿边两侧，完全符合唐代越窑青瓷点彩的风格。粉盖与粉盒之间子母口非常紧密，不易让脂粉香外溢。

时光虽消褪了青瓷釉面的光泽，但内敛的丰韵依然楚楚动人。盖径5厘米，底径3厘米，高4厘米。

66.宋代定窑绿釉貔貅

定窑创烧于唐代，盛于北宋和金，终于元代，以产白瓷闻世，兼烧黑釉、酱釉和绿釉瓷，文献分别称其为“黑定”“紫定”和“绿定”。它是继唐代邢窑白瓷之后兴起的一大瓷窑体系，主要产地在今河北省保定市曲阳县一带，该地古属定州故名定窑。绿釉最早见于汉代，宋代的磁州窑和定窑等都有烧造，定窑烧制的绿釉被称作“绿定”弥足珍贵。这只宋代“绿定”貔貅卧伏，双目黑珠外凸，张牙怒吼，显得十分威严。全身肢体线条和鬃毛纹饰清晰，虽然已褪去了千余年前刚出窑的光鲜、亮泽，但从其厚润的皮壳里滋生的寒气，依然令人生畏。无釉的胎底中有个小孔，是为高温烧制时散热以防爆裂。

没有肛门的貔貅只吃不拉，寓意进财守财。貔貅长6厘米，宽2.5厘米，高5厘米。

67. 民国“大风堂”铜墨盒

“大风堂”，张善子、张大千兄弟俩画室名。20世纪20年代初，张善子、张大千在上海法租界西门169号客居时，无意间收到明末清初画家张大风所画的《诸葛武侯出师图》，张大千一直对张大风的画艺倾慕已久，且又同姓（张大千曾说自己与张大风五百年前是一家），对此画爱不释手。得意兴奋之余，兄弟俩商定将西门路居室的厅堂取名为“大风堂”。自此以后，张善子和张大千创作的书画作品题款，大多书有“写于大风堂”或钤有“大风堂”印章。从张大千在自己的书画上题署“大风堂”等相关资料看，张大千一直将“大风堂”视为自己画室名。这件铜墨盒材质为白铜，盖面上錾刻有桃树下福、禄、寿三星，一个童子正在给福星杯中添酒，面前是百草丰茂，两旁是小桥流水，身后拾级而上有亭翼然，一派吉庆、祥和、诗意。在画面的上下两侧有如意纹花饰，整个白铜墨盒十分精美、儒雅、文气，分布不均匀的包浆自然、厚润、美轮美奂。

白铜墨盒底偏下方，有一方篆书款錾刻“大风堂”钤印。墨盒长8厘米，宽5厘米，厚2.2厘米。

68.清代黄杨木扇形笔插

笔插，作为文人雅士的文房用具，形制可谓丰富多彩。有金属类、玉石类、木器类、瓷器类等，古代工匠们将笔插做成各种形状，并在上面绘画（或刻写）山水、人物、花鸟等形形色色图案。此件笔插材质是小叶黄杨木，因其生长缓慢，木质极其细腻，用肉眼根本看不到棕眼（毛孔），用手抚摸细润光滑，被誉为木材中的“象牙”。苏轼曾说：“黄杨一岁长一寸，遇闰退三寸。”因其难长故无大料，一般都用来做印章或小件的文玩雕饰，因为其颜色淡雅有清香味，有时也被镶嵌在紫檀等深色木器上。在这件黄杨木笔插四周，均雕刻有花卉和装饰图案，上面三个稍大的圆孔用以插放毛笔，圆孔向下逐渐变小，这样既可插笔又可将湿笔中的水淋干。因使用时经常把玩，笔插周身已形成一层厚厚的皮壳，浑然天成。

此件笔插呈扇形，除底部外，笔插上面和四周，均刻成凸出的深色条框，每面都似一幅画，娟秀典雅。笔插长7厘米，宽2.5厘米，高4.5厘米。

69.清代红木荷叶形笔掭

笔掭在清代属文房小九件之一，毛笔蘸墨后用笔尖在其上抹匀，故称笔掭。笔掭在乾隆年间最为盛行，品种也很多，小的也就寸余，大的有五六寸长。无论是瓷器、木器或玉石类的笔掭，尺寸大的要比小的贵许多。古代的文房用具分类很细，各有各的用途，一些有显赫身份和地位的文人对此十分讲究。本件笔掭为红酸枝老红木，是由一整块料挖制雕刻而成。外形酷似一片荷叶，大小不一的卷荷叶边，纵横交错的刻线叶脉，仿佛又重现着当年书生掭笔挥毫的情景。

莲荷出淤泥而不染，文人用此物制笔掭其用心不言而喻。笔掭长33厘米，宽22厘米，厚3厘米。

70. 清代“芷叟”款紫檀镇纸（一对）

周颢（1685—1773年），字晋瞻，号雪樵，又号芷岩，别署芷岩山人、芷岩樵叟、芷叟、芷岩道人、髯痴，人呼周髯。周颢系嘉定南翔人，自幼修文习画，以文人镌刻闻名于世，雍乾时期即不仕天下以隐者自居，晚年后以绘画为主。书载周颢一生嗜酒，却长寿年近九旬而卒，年高时长髯华发风度翩翩，被人视为高士而景仰。周颢的山水画以摹古为主，取法宋元，深受王石谷“以元人笔墨，运宋人丘壑，而泽以唐人气韵”精神影响。此对紫檀镇纸，均为一面刻雕山水，一面为王维五言诗：“寒山转苍翠，秋水日潺湲。倚杖柴门外，临风听暮蝉。”“兴来每独往，胜事空自知。行到水穷处，坐看云起时……”从题诗中不难看出周颢淡泊寡欲的心态。两幅山水清条刻线流畅，刀法如笔，树石苍秀，丘壑叠嶂，亭台归棹，岑寂古雅。纵横交错的刀笔如鬼斧神工，将其绘画散淡的皴法移植到刻画中，令人意趣横生。

这对紫檀镇纸每面都采用条框圆角，突出书画的立面感，光润厚泽。镇纸长18厘米，宽4厘米，厚0.8厘米。

71. 清代朱文右款紫檀笔筒

朱文右，号筠斋，清代康熙至乾隆年间雕刻家。因其是吴鲁珍女婿，深得吴氏雕刻真传，作品具有嘉定派技法典型风格。此笔筒材质为紫檀木，作者以浮雕技法刻松下“八仙图”，苍松倚石、虬枝凌空，吉云缠绕。八仙神态表情各异，有盘桓伏石，有策杖小憩，也有吹箫幽思。人物衣冠线条柔和自然，相互围坐错落有致，每个人手中或身上携带的法宝，一眼便能识出其身份，形象逼真栩栩如生。在笔筒的口沿与人物身后的背景，作者采用了平坦的细刻云朵，反衬出八仙人物的厚重与飘逸。紫檀肌纹清晰，包浆润泽，华贵而典雅。

在松下的嶙石上，题刻有“丁酉朱文右制”。笔筒内口径7厘米，底径9.5厘米，高12.7厘米。

72. 清代方治庵款“十八罗汉”笔筒

方洁，生卒年不详，字矩平，号治庵。浙江黄岩人，祖籍安徽歙县，活跃于清道光年间。擅长浮雕刻画人物，凡人物山水小景皆自为蓝本，运刀似笔，生动传神，人称“方竹”。此笔筒全景为十八罗汉图，其间有一棵菩提树，一棵银杏树。十八罗汉各持法宝，面目纷呈，神态迥异，极具个性。笔筒上人物阴阳凹凸，勾勒皴擦；古树枝繁叶茂，纵横交错，构图紧凑，巧妙合理。十八罗汉是佛教传说中永住世间、护持正法的阿罗汉，由十六罗汉加二尊者而来。释迦牟尼为使佛法在佛灭度后能流传后世，嘱咐十六罗汉永住世间，弘扬佛法利益众生。传到中国后，唐末宋初则盛行十八罗汉了（降龙与伏虎罗汉为唐代后出现）：坐鹿罗汉、欢喜罗汉、举钵罗汉、托塔罗汉、静坐罗汉、过江罗汉、骑象罗汉、笑狮罗汉、开心罗汉、探手罗汉、沉思罗汉、挖耳罗汉、布袋罗汉、芭蕉罗汉、长眉罗汉、看门罗汉、降龙罗汉、伏虎罗汉。此笔筒材质为竹制，经历近两百年的岁月，水分早已蒸发收缩，上手极轻。

在布袋罗汉与静坐罗汉之间空白处凿有“十八罗汉，方治庵刻”款。笔筒口径 11×10 厘米，底径 11×10 厘米，高 18 厘米。

73. 明代紫檀宝塔形盒

中国古代最早关于“檀”的记述，始见于《诗经·魏风·伐檀》：“坎坎伐檀兮，寘之河之干兮。”紫檀木主要产自热带地区，在中国生长极少，由于生长缓慢非数百年不能成材，故有“一寸紫檀一寸金”之说。“紫檀”的名称虽然最早见诸晋代文献，但以紫檀木打造器物的记载却始于唐代。全唐诗孟浩然《凉州词》：“浑成紫檀金屑文，作得琵琶声入云。胡地迢迢三万里，那堪马上送明君。”元明期间逐渐成为宫廷和贵族堂府家具，雕刻精美的纹饰深得历代帝王和权贵喜爱。本件紫檀盒高脚，圆腹，塔盖，在圆腹四周雕刻有凸出的如意连环纹，高脚处有两道阴线刻纹，足底内凹。这是一块由整料紫檀木挖制而成，腹膛内被掏空，可以盛放舍利或珍贵珠宝。外观呈宝塔形，乌黑亮泽，庄重典雅。

包浆内敛厚润，古朴神秘。口径3厘米，底径3厘米，高9厘米。

74. 清代孙星衍题“书门阁”匾

孙星衍（1753—1818年），字渊如，阳湖人（今常州市），故居位于常州市双桂芳59号。袁枚品其诗，称之为“天下奇才”。孙星衍不欲以诗名，深究经史等诸子百家，皆通其义，历任翰林院编修、刑部主事，后任道台、署理按察使等职。嘉庆十六年（1811年）辞官回乡，参与校刊《全唐文》，主持南京钟山书院、绍兴书院、杭州诂经精舍等书院，精于金石碑版，工篆隶书，著有《尚书古今文注疏》《周易集解》《寰宇访碑录》《孙氏家藏书目录内外篇》《芳茂山人诗录》等多部文集。此匾孙星衍所书“书门阁”三字采用凸出的阳文，落款：庚戌年孙星衍。匾的四角饰有四只蝴蝶，蝴蝶被人们誉为“会飞的花朵”，“庄周梦蝶”的典故是一种高雅文化的象征，读书令人体会回归大自然的赏心悦目。

匾额上的题字均有鎏金，包浆淳厚，古朴儒雅。匾长97厘米，宽39厘米，厚2.5厘米。

75.清代“追远堂”牌匾

追溯“追远堂”的来历，它与七贤庵、南宋“渐山七贤”有一段历史渊源。相传“追远堂”这三字是南宋著名的理学家、教育家朱熹所写，落款晦翁是他的号。七贤庵位于诏安县梅州渐山西麓，朱熹在福建漳州任知事时，常与文人名士交往，并应邀赴各地学馆著述立学，传授理学、孔孟之道。与“渐山七贤”有往来的朱熹在七贤庵就曾留下“石榴洞”和“读圣贤书”题匾，并题写“追远堂”三字墨宝，刻成木匾悬于“七贤之一”郑柔的祖祠。千年前的那块木匾在岁月的长河中早已灰飞烟灭，这块木匾是清末时期重刻。“追远堂”三字为凸出阳雕，地面为菱形梅花纹案，框的四边是连环回文形阳刻。所有凸出的字面和阳雕刻线均鎏金，庄重华贵，刻工十分精细雅致。

斯人已逝，追古怀今。匾长35厘米，宽16厘米，厚2厘米。

76. 杨仁恺题“百壶居”牌匾

杨仁恺（1915—2008年），号遗民，笔名易木，斋名沐雨楼，四川广安人。他是享誉海内外的博物馆学家，书画鉴赏大师和书画大家，美术史家，曾与著名书画鉴赏家谢稚柳、徐邦达、史树青、启功等人共同担任全国书画巡回鉴定专家组成员，对全国各大博物馆、美术馆、图书馆、高等院校和文博机构所藏书画，逐一过目鉴定真伪，编纂完成中国绘画书法文字图目。杨仁恺对故宫流失国宝书画做了大量深入细致的研究工作，使一大批国宝重放异彩，其中有中华第一神品之称的历史旷世巨制《清明上河图》、米芾的行书《苕溪诗卷》等37件国宝，都是由杨仁恺发现或是经他亲手鉴定恢复本来面目。杨仁恺毕生致力于中华国宝的追寻、拯救、鉴定、研究和保护，足迹遍布国内和世界各地，追回鉴定的国宝级文化遗产数百件，考证拯救的文物不计其数，晚年创立了鉴定学，使其成为一门可以掌握的文化艺术科学体系。因其杰出贡献，国家授予他“人民鉴赏家”荣誉称号，被誉为“国眼”。此牌匾系杨仁恺先生应约为我所题写：“百壶居，岁次甲申夏月，九秩拙叟和溪仁恺题于盛京。”这是2004年夏月时年九十岁杨老，在沈阳为我题款后由朋友转交给我。同年冬天，杨仁恺来芜湖看到《曹氏宗谱》后，得知我系曹孟德后裔，又欣然为我挥毫写下：“曹祖家声远，源流世泽长”对联和《百壶居赏玩》书名。

牌匾原为一整块清代供案面板，后由“江南印人”手工刻制填色。匾长197厘米，宽35厘米，厚5厘米。

77.元代人字纽铜押印

早在殷商时期，古人就以印章作为权力的象征和社会交往的凭信。押印，又称押记、花押、署押，是指在公文、契约上的签字或画某种特殊记号，以作凭信。押印既不同于先秦的玉印、铸印和封泥，又不同于明清以后的文人流派印章，它们的区别主要是入印的文字书体不同。单花押印、八思巴文押印、楷书押印等一些个性标识。图像押印在汉代已出现，有车马、人物、动物、随形等，元代则更为丰富，有鱼形、葫芦形、壶形、鼎形等。押印，通常器小文丰，笔简意赅、抽象古拙、耐人寻味，开创了多种文字和图案入印的格局，对于篆书印章的突破具有创新意义。此枚印章小巧灵秀，材质为青铜，两个印文由条框分隔，是典型的元代八思巴文押印。八思巴文字，由元朝皇帝忽必烈国师八思巴根据藏文（梵文字母体系）制定的，是当时的“国际音标”，可拼写不同民族的语言，亦称蒙古方体字。随着元代的消亡，八思巴文也逐渐退出了历史舞台，但这枚苍朴古拙的押印，彰显出中华文化血脉奇逸而神秘的记忆。

人字形铜纽简约而实用，既便于提盖，更便于随身携带。押印底径3×1.5厘米，高1.5厘米。

78. 明代铜押印

作为印章的一个独立体系，押印的意义不在古玺和汉印之下，古人遇到交易买卖、借贷典当、公堂作证等，当事人都要在文书上签字印押，表示同意担责，文书合同才具有法律效力，称之为“押”。押印对于篆书印章的突破具有划时代的重大意义。它在印章史上突破了篆书的束缚，开辟了多种文字乃至图案入印的格局，押印是印章史上最后一个自成体系具有创新精神的丰碑。宋元明印章中的楷书多为摒弃了正统的官方通行体，即以颜、欧、柳、赵为代表的后来程式化的馆阁体，而是采用了类似魏碑的天真朴实、夸张变形的民间书体入印，很好地继承了有篆刻韵味的形式。这枚铜押印的印面为圆形，内有凸出的阳文“压开”两个字，字形古朴凝重，应为官府之间通用的公文类押印。

印的背面及柱纽光洁素颜，符合明代简约之风。押印直径3厘米，高3.7厘米。

79. 清乾隆董洵雕瑞兽纽印章

董洵（1740—？），清代乾隆年间篆刻大家，字企泉，号小池，又号念巢，浙江绍兴人。官至四川南充主簿，辞官后云游天下，落拓京师，以印结友。他擅画兰竹，工诗文，篆刻仿秦玺汉印，与同代人余集、黄钺、赵秉冲、巴尉祖、罗聘交好，尤为罗聘刻印居多。著有《多野斋印说》《小池诗钞》《石寿轩印谱》。此方印石为寿山水晶冻，是清早期出产的水坑石的一种，因长期受地下水的浸渍，晶莹通透、冰清玉骨。水坑老洞是出产田黄石的寿山溪的源头，水坑石多按石质命名：如水晶冻、鱼脑冻、玛瑙冻、牛角冻、鳝草冻等。印纽是一只回首的瑞兽，霸气地站立在四羊鼎上，色泽丰美，晶莹剔透。底款四字印文为：“恬澹为上”。虽师法秦汉，但结构多变，无妍媚之态，潇洒自然，别有新意。

在基座两羊之间的边款，刻有“小池”两字。印章底径2.5×2.5厘米，高6厘米。

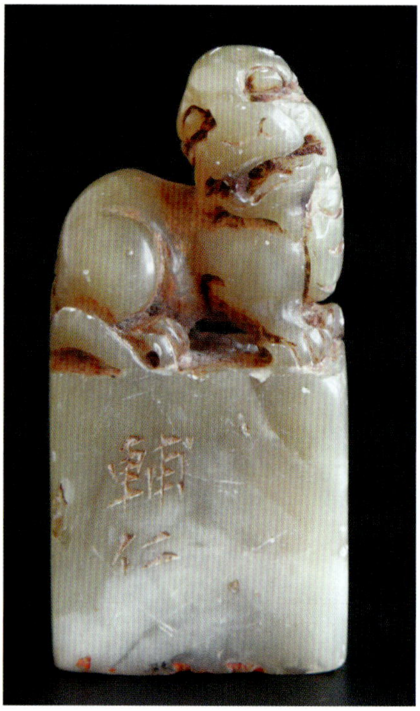

80.清同治黄思睿雕“进趣”印章

黄思睿，字石生，又名辅仁，生于同治七年（1868年）。辅仁其名鲜为人知，是平湖印人。平湖自古产印人，有徐锷青、朱石甫、吴丽生、张东岩、马嵩洲、沈覃九等，近代更有弘一法师、陆维钊、陈巨来、吴一峰等名播印坛，为浙西小城添色。柴子英编的《中国篆刻大辞典》中收录黄思睿条目：他学怀素狂草，一时无两，偶以草书法写兰竹，纵笔所至，无不如意。刻印亦深入汉室，得者珍之。陆维钊先生为《黄思睿印存》题跋：此先祖文字交黄辅仁先生所刻印也，先生哲嗣蔚青与余同学凡八年。《黄思睿印存》2014年在北京匡时秋季拍卖会上被高价拍出。这枚印石为寿山鱼脑冻，石质内飞白状如鱼脑，且内理多环，是罕见的鱼脑环冻，玉骨冰姿，石身四围仿佛被一层云雾缠绕。一只貔貅傲立其上，只是寥寥数刀，便生动地刻画出短翼、卷尾、鬃须、有嘴无肛的特征，因其以财宝为食，只进不出，有招财聚宝之意，貔貅在北方被称作“辟邪”，认为可以驱除邪气，带来吉祥好运。底款是两字印文：“进趣”，既有貔貅只“进”不出的“进趣”，又有寓人生要有不断上进的“进趣”。刀法如笔，深剜其底，光滑若鉴，神韵怡然。

在貔貅纽下的基座上，鱼脑冻布满四周，边款只有“辅仁”两字。印章底径2.7×1.7厘米，高5.7厘米。

81.清光绪黄士陵雕“琴怀”印章

黄士陵（1849—1908年），字牧甫，又作穆甫、牧父，号倦叟，别号黟山人，有蜗篆居、延清芬室等斋号。安徽黟县人，是与吴昌硕齐名的篆刻大家，“黟山派”开宗大师。由于家学渊深，耳濡目染，黄士陵自幼读书、习字、治印、绘画，十岁前即能操刀习印，年少时已成乡里知名人士。黄士陵治印最初受邓石如和吴熙载影响，以后日渐成熟突破了皖、浙两大流派，创立了独具一格的“黟山派”。在章法上讲究疏密、穿插，将鼎权、泉币、镜铭、古陶、砖瓦、石刻等，熔铸到印章艺术中，大巧若拙，归真返璞。其执刀极竖，无异笔正，每作一画都轻行取势，每一线条的起止，一气呵成，运刀气韵极美。“黟山派”篆刻艺术还体现在印章边款的镌刻上，以单刀拟六朝楷书碑刻，沉厚而又棱厉，似笔如墨，大笔见沉雄，小笔露秀雅。傅抱石1940写的《关于印人黄牧父》中这样评道：“他既能在细微处显出功力，又能在承转间芟去支蔓。任你如何的天赋，可以学徐三庚很快得名，然不能短期蹈袭他的步履。他的可贵在此!”这枚材质为清产的青田石属兰花青田，色如幽兰而通灵微透，质地温润如玉，青中泛黄带有隐逸淡泊的意蕴，被誉为“石中君子”。纽身为一条螭龙，巧妙地运用了这块俏色，蛰伏在印首上，聚祥瑞大吉之气。印文是篆书“琴怀”两字，洗练沉厚，干脆利落，刀法劲挺，光洁中见浑穆。“琴怀”也表达作者超脱功名，淡泊世俗的情操，以及众人皆浊我独清的品格。边款为：品天下，宗古之人意，时戊寅（1878年）夏，牧父客豫亭作。

此印边款是典型的单刀拟六朝楷书，沉厚而秀雅。印章底径3×1.5厘米，高4.5厘米。

82.清代五方铜闲印

铜印，古时亦称之为“金印”，铜印源于东周，盛于西汉。铜印的印面以方形为主，也有菱形和圆形铜印，印纽的变化则更为丰富，有瓦纽、兽纽、柄纽等各种造型。古代铜印从印文内容上又可分为官印、私印（人名）、闲印、吉祥印、图案印、收藏印等。此枚铜印除顶端凸出部分为圆形篆书朱文：护封；四周方形印文分别为朱文：江上青山送六朝、刚大、燕子飞过柳烟低；白文：我欲醉眠春草。从印文内容看，主要是吉语和写景诗句抒怀的闲章，从中我们不难窥出古人的闲情雅致和风花雪月的人文格调。虽是铜印，但铸字线条清晰流畅，刚劲雄浑，典雅古拙。一枚铜印五方印面，不仅内容有别，而且意境各不相同，妙趣横生。

一枚铜章五方印面，也便于携带和钤盖。印章底径2.5×2.5厘米，高2.5厘米，圆径2厘米。

83. 清代铜子母印

这枚子母印材质为白铜，分别由外套和内印两部分组成。外套呈长四方形，四面分别绘刻有：道教人物、博古、莲花、梅花。上口为圆形，下口为方形，内印可从其口取出，人物和花卉刻画细腻，生动传神，纤秀雅丽，让人爱不释手。内印是一方瓦纽形四方铜印，印文为：吉封。此类铜印的文字内容属吉祥语，在古代遗留下来的宗教文史资料中，常常可以看到这种印文，另有一类是人们不太熟悉的宗教文字印，最为著名数量较多的便是道教的秘密文字印，这类印文在当时也只有道观中的住持和少数功法极高的道士才能认得，清代以后道教中的人开始逐渐忽视这类文字，以致当今很少有人能理解这些文字的含义了。但这并不影响人们对它的信仰、膜拜和喜爱。

小巧的子母印虽经百余年而形影不离，实为难得。印章底径 2×2 厘米，高 2.5 厘米，外套底径 2.2×2.2 厘米，高 3.3 厘米。

84. 清代貔貅纽铜印

铜印在古代多为官印，清代开始在民间也逐渐流行，但使用者以权贵、名人等身份显赫者居多，凝重的金属质感和熠熠生辉的金色，显得庄重而华贵，尤其是各种瑞兽纽造型，美好的寓意也深受达官显贵的钟爱。盘踞在铜印上的貔貅纽高大威猛，几乎占据了大半个铜印，显得十分醒目耀眼，整个铜印由黄铜铸刻，上手十分沉重，皮壳包浆光润沉厚，貔貅回首蹲伏，神态威严灵动，一副不可侵犯的圣相。只吃不拉的貔貅，历来被传说成招财的象征，在民间受到人们广泛的供奉。貔貅下面基座，两端刻有兰草，左右两侧横面分别刻有梅花和竹子，赋有文人君子之风。印面刻有朱文：刘镇精印。字迹古拙、淳朴、雅丽，显得庄重大气。

铜印刻画精致，亦可做为镇纸或摆件。印章底径4×2厘米，高6厘米。

85.清代文财神印

文财神李诡祖又称增福相公、增福财神，武财神赵公明，每年的7月22日被民间视为“财神节”。文财神有官方与道教赐封为天宫上神，李诡祖的生日在道教中实际上只是其得道成仙日，而武财神被民间信仰为天官天仙赵公明。文财神多见于中国民间雕塑和木版年画，大多是锦衣玉带、冠冕朝靴，脸色白净，面带笑容，适合新春喜庆和堂室供奉。此枚文财神印章材质为黄杨木，人物造像是凸出的阳雕文财神李诡祖，冠冕朝靴，锦衣玉带，长须及胸，面容喜庆。人物刻画生动传神，朝服衣饰华美，细节入木三分，令人叹为观止的是衣袍上的海水纹饰图案杂而不乱，每一线刀笔都细若游丝，方寸之间尽显鬼斧神工。

文财神手持的“三盛永”堂号，是清代安徽芜湖长街上一家知名的茶庄。印章底径3×2厘米，高3.2厘米。

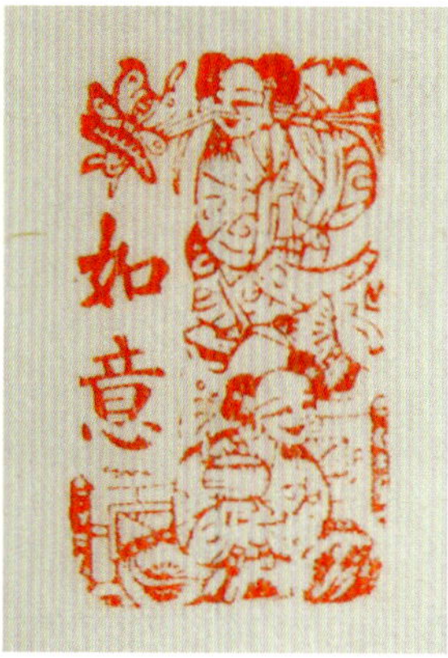

86. 清代“和合二仙”如意印

和合二仙是寒山与拾得两位高僧的菩萨化身。唐代末年寒山作为诗僧的形象，寒山与拾得形象因为寒山诗的流传得到广泛传播，两人有超凡脱俗的诗韵和禅境，不屑于世俗名利和荣华富贵，他们徜徉于大自然坦荡胸襟，常有警醒佛教徒的精辟之句，甚为后人所推崇。寒山诗借助拾得画，除了在僧徒中广为传播，在后世的文人墨客里也影响颇大。《仙传拾遗》的描述，致使人们心中的寒山已不是世间的诗人，而是诗仙、诗佛了。这方黄杨木印章刻有和合二仙，“和”持荷花，“合”捧圆盒，“和”寓意家庭朋友和睦，“合”寓意夫妻百年好合。在和合二仙身边刻有朱文“如意”两字，整个画面吉祥喜庆，表达出美好的祈愿。

中国传统文化中的和谐意识表现在两个方面：一是“天人合一”（人与自然和谐），二是“中庸之道”（人与人、人与社会的和谐）。印章底径 3.3×2 厘米，高 4.3 厘米。

87.清代“彩悦”青田石印

古联：“彩悦悬门兰质惠心延美誉，明珠入掌柳诗荀赋毓清才。”用以贺生女，祝愿女子成名成才。彩悦悬门，指女儿降临，气质如惠兰，娴静高雅，心性聪慧，播扬家族美好的声誉。明珠入掌，将女儿视为掌上明珠，以柳诗荀赋来培育她，让其拥有优雅卓越的才华。此枚印石材质为青田石，这种产自浙江青田县的蜜蜡冻，色黄似蜡，色调深沉，质地细嫩，通灵光洁，为青田的旦洪特有品种，温润脆软，与灯光冻齐名。印面下半部刻有“彩悦”两字，上半部雕有道教特有的阴阳八卦图案，这种图文的结合，不仅表明此上对其生女的美好祝福，而且还赋予了道家思想的内涵和信仰寄托。印石的一面雕有一幅似人非物的图腾，寓意着一种神秘的宗教精神和崇拜。

博大流动的宇宙，凝结在这枚方寸之间。印章底径2.2×1.2厘米，高2.7厘米。

88. 清代田黄立佛印石

田黄石产于福建省福州市寿山乡寿山溪两旁之水稻田下，因石色呈黄色而得名。田黄是寿山石中的珍品，在狭小的产地已经数百年的开掘殆尽，田黄成为资源枯竭的珍稀孤品。田黄不仅具有三星福（福州）、禄（黄帝专用的黄色）、寿（寿山），而且具备细、洁、润、腻、温、凝（印石）六德，故被称为“石帝”，并为清代祭天时专用的国石。田黄石外表都有黄色或褐色的皮层包裹着，或厚或薄，或稀疏挂皮，形态变幻无常，但田黄石的颜色都不是表里如一的，通常是由表皮向里层逐渐转淡。凡透明度较强的田黄石，在强光下肌理隐约可见细密的纹理，犹如刚出土的萝卜纤维，故有“萝卜纹”之称。此枚田黄石呈弥勒佛立状，背面色偏深且逐渐变淡黄，石皮老沉，在强光映射下“萝卜纹”明显。佛像笑容可掬，生动传神，衣饰简洁，灵动吉祥。

包浆温润厚泽，重100克。田黄底径3×1.7厘米，高5.5厘米。

89. 冯康侯雕“与墨居”印章

冯康侯（1901—1983年），原名冯强，字康侯，别署老康，晚号康翁，广东番禺人。黄埔军校校长办公厅秘书，中华书局编辑，书画篆刻家，尤以篆刻见长。1912年赴日本入美术学校学习实用美术，1916年回国，曾为梅兰芳画舞台布景。后移居香港，先后在联合书院等大专院校讲授文字学、金石学，书精四体，有《冯康侯书画印集》。居港期间，1968年康翁创办“广雅书学社”，后又设“南天印社”，从学者众，一时香江书法篆刻之风大盛，其艺名远播海内外。马国权称：“康翁并擅刻印，俊逸之气扑人眉宇，所刻圆文朱印，娟娟静好，最得鉴赏家珍视。”西泠印社副社长李刚田曾以“挺拔而净雅”评价冯康侯的篆刻，并强调“冯氏治印，别出手眼，融汇皖浙风格，章法自然，运刀严谨，博采众家之长，遒逸朴茂，独树一帜。”这是一枚青田石中的封门青印石，微透明而略带淡青，幽青中又泛黄，应为青田石中的上品，晶莹如玉。印面刻有朱文篆书“与墨居”，表达了作者对书画翰墨的热爱，情之真、意之切，甚至可以与其“同居”。“与墨居”三字恰如李刚田先生所誉“挺拔而净雅”，古拙而儒秀。印背上刻有边款：癸卯（1963年）五月，康翁志。字迹遒劲、俊逸、淳朴，用与“墨”朝夕相伴来激励自己，以明其志。

在边款四周刻有一圈“回”形纹，古朴、典雅、庄重。印章底径4.2×2厘米，高2.2厘米。

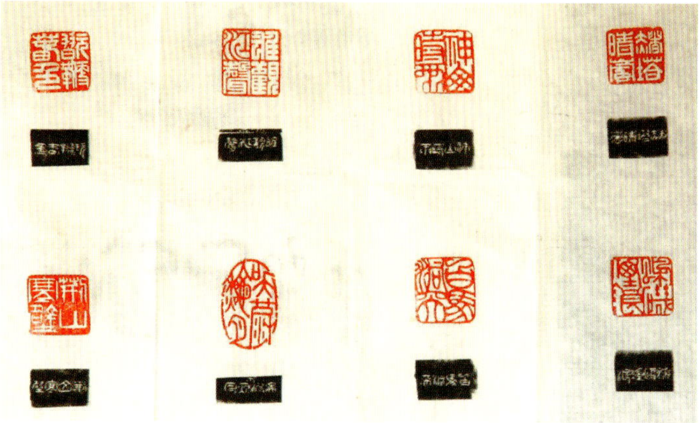

90. 葛文德雕“芜湖古八景”印章

元代诗人欧阳玄任芜湖县尹时，亲自主持评定了“芜湖八景”：赭塔晴岚、神山时雨、白马洞天、玩鞭春色、蛟矶烟浪、吴波秋月、雄观江声、荆山寒壁，并为这八景各写了一首七律诗。中国书法家协会会员、芜湖市篆刻研究会首任会长、芜湖书画院专职书画篆刻家葛文德先生，曾专门为“芜湖古八景”刻了八方印章，并给每方印章都刊刻了边款。葛文德，1944年12月29日出生安徽庐江，自小受家学影响。其父葛召棠先生是审判南京大屠杀主犯谷寿夫的监刑法官，《民国书法史》中有介绍其传略，曾与郭沫若、张大千、于右任、徐悲鸿等大师联袂展出书画作品。在父亲的熏陶下，葛文德酷爱书画篆刻艺术，师承张迁、乙瑛、石门颂诸碑，篆刻以秦汉为本，兼采赵之谦、吴昌硕、齐白石等诸家之长，立意儒雅，圆融碑帖，笔转刀镌，正如启功大师在看到葛文德的篆刻后评道：“文德仁兄印虽方寸，气贵开张。纵取杨柳之态，亦须云水风度。”葛文德先生治印之道妙在布局，据汉字象形特征，分朱布白，寓画于字，滋 生动静，藏古喻今。多年来，《中国书法》《书法》《西泠艺丛》《中国印谱》等数十家报刊曾刊专文介绍其人其作，赖少其也曾专为葛文德题赠“金石缘”。这八方印文取境高妙，奏刀遒劲古拙，朱文婉转流畅，白文奇峭凝重，是其晚年代表之作。

安徽省书画院院长刘廷龙在《葛文德印痕》中题跋道：“江南清黄士陵名播寰宇，后有西泠童雪鸿，而今吾皖南北有阮良之，南有葛召棠之子葛文德……”此八方印章分刻在四块寿山石的两端，印章底径分别为2.5×2.5厘米，3×3厘米，2.7×2.7厘米，4×2.7厘米，3×2.7厘米；高分别为6厘米，6厘米，5.7厘米，4.5厘米。

91.清光绪惠卿刻瓷帽筒（一对）

刻瓷是指用特制的刀具在瓷器上凿镌各种图案，是集书画、诗文、印章和雕刻于一身的艺术。现存纪年款最早的刻瓷作品，是清代道光年间的。清代书画篆刻家邓石如、华法在瓷器上自写自画自刻，促进了刻瓷艺术的发展。在北京汇集了一批刻瓷高手，如华法、朱友麟、陈智光、黎勉亭等。著名的“扬州八刻”中就包含刻瓷，晚清扬州涌现了一批刻瓷名家：江雨三、朱少甫、高应三、惠卿、陈桂荣、藏济刚等。帽筒，俗称“官帽筒”，是清代官员置放花翎顶戴所用。起始于清嘉庆年间，同治至光绪时较为普及，民国以后逐渐成为大户人家厅堂的摆设，因为体量大、画面内容丰富，现今成为藏家收藏的新宠。这对帽筒分别刻有一幅通景山水图，其中，一只帽筒远景是崇山飞瀑，近景为两位高士在溪流的石桥上盘膝观景，身边有苍松嶙石，不远处还有临水而筑的房舍。上面刻有：锡侯仁兄大人清玩，惠卿弟汪兴模刻赠。两方刻印分别是“汪”和“惠卿”。另一只帽筒则远帆山廓外，近处在芭蕉和竹石的院落，柴门敞开着，透过老宅窗棂，两位雅士相对茶叙，在古槐和竹林的掩映下，显得格外寂远和雅逸，仿佛置身世外桃源。上方刻有：辛丑（1901年）夏月，惠卿作画并刻。两方刻印分别是“惠卿”和“陶古斋”。惠卿是清末扬州刻瓷名家，因其擅书画，故所刻作品皆直接以刀代笔，镌刻于瓷上，显得自然洒脱，线条流畅，刀笔疾徐有度，意境儒雅，有文人画之风。

刻瓷帽筒传承下来的很少，品相完好更是难得。帽筒底径12厘米，高28厘米。

92. 清末段生茂浅绛彩帽筒（一对）

清代晚期浅绛彩瓷名家段生茂，主要活跃在清末民初，擅画山水、花鸟，其行笔率意简约，意境高远。咸丰五年（1855年）御窑厂画师程门与次子程荣合作画的浅绛彩《山水人物花耳扁壶》，是目前已知浅绛彩瓷中最早的一件（现藏安徽省黟县博物馆），另一件是张子祥（张熊）于咸丰六年（1856年）所绘的《四清图》瓷板画。咸丰朝所画浅绛彩瓷只有这两件实物，稀少的咸丰朝浅绛瓷正是原御窑厂画师们，在太平军火烧御窑厂后生活重迫下的重新尝试，客观上也是一个艺术品种创新繁盛的开端。这对浅绛彩帽筒，是一对画面和意境完全相同的山水画，只是画面的构图一个从左至右，另一个正好相反。在四围山峦包裹中，一幢两层的凉亭格外耀眼，一位高士正在伏案读书，周围百草丰茂，远岫晴岚叠嶂，近处的米家山郁郁葱葱，清溪从亭下的脚桩潺潺流过，诗意盎然。两只帽筒上题写着同样的诗文：远山花作伴，近岸桥为城。戊午秋月，珠山客次，段生茂作。仿佛在秋日的某个黄昏，溪桥上的高士无奈地看着暮阳从大山深处一点点滑落，正是：四围山色中，一鞭残照里。

帽筒底款各有一方“段生茂造”印章，因当时采用的是矿物颜料，至今色彩艳丽如初。帽筒底径12厘米，高28厘米。

93. 民国刘恒丰刷花瓷帽筒（一对）

陶瓷刷花始于清末，是景德镇釉上彩中新彩品种，俗称“筛色瓷”，是受西方搪瓷喷洒画影响，同时结合中国民间丝网印刷工艺并融合民间剪纸艺术而创立。刷花既不同于贴花，也不同于印花，中国画讲究墨分五色，刷花工艺也能表现，需将五种颜色一层一层刷上去，厚薄浓淡适中，细节部分再用料笔勾线调整，其显著特征就是同时兼具艺术性和装饰性。民国时期以程大有的刷花最为杰出，时称“刷花大王”，他开创了薄刷法的表现技巧，堪称陶艺界一绝。他创作的刷花瓷板画《松鹤图》，曾荣获巴拿马国际博览会金奖，使刷花瓷成为世界陶瓷艺术中的一枝奇葩。刘恒丰是与程大有齐名的景德镇刷花瓷名家，也是民国初年最早的一批刷花瓷探索者。这对帽筒画面内容和意境一模一样，采用的构图顺序却正好相对，一只帽筒上的水牛和牧童朝右，另一只帽筒上的水牛和牧童朝左，周边点缀着石头、花卉和青草，远处的夕阳斜挂在浅绛色的山峰间。这种将刻版画、剪纸画和枯笔勾皴的浅绛山水相结合，给人一种立体的流动美感，令人耳目一新。牧童横笛肩头，笛音里流淌着浓浓的乡韵，伴着残阳淡淡地散去。两只帽筒上对等题道：牧童归来夕阳斜，庚申（1920年）夏月书于珠山，刘恒丰作。

帽筒底款各有一方红印，模糊的字迹已难辨识。帽筒底径12厘米，高28.5厘米。

94. 民国熊子清“美色清华”帽筒（一对）

南京博物院收藏了一批包括熊子清等名家在内创作的民国女性时装瓷器和塑像，既有古装美人传统服饰，也有新时代女性追求时尚的个性化妆容。这对帽筒折射出东方女性浪漫的诗情，虽说中间这位红衣仕女在服饰上还保留着传统的发髻，但她在丫鬟的陪伴下敢于与自己喜欢的老夫子相约，表达了民国新女性敢于表露和追求自己灵魂深处的渴慕。“老夫少妻”现象在民国初年已逐渐出现，但在那个年代还需要相当大的勇气才能打破封建礼教的禁锢。古松与蒲扇都表明了长须老夫子的气节和文人情怀，“犹抱琵琶半遮面”也多少隐喻了仕女的腼腆秀色。人物鲜亮的服饰体现了民国的审美格调，两只帽筒上画面内容虽说基本相同，但相比看还是有诸多细节不同，这也正是手绘“独一无二”的价值所在。画面上题有：美色清华，癸亥（1923年）之夏月，熊子清作。

几位人物表情惟妙惟肖，底款各有一方“熊子清制”印章。帽筒底径12厘米，高26厘米。

95. 唐代宣州窑四系罐

“宣州窑”一词最早见于清代蓝浦的《景德镇陶录》，但该书并没有对宣州窑的起源作记载。黄裔在民国时的《瓷史》中认为：“宣州瓷窑，为南唐所烧造，以为供奉之物者。南唐后主尤好珍玩。”古宣州窑作为史料中记载的名窑，同全国其他窑场一样是以州治命名的。以州治命名窑场的历史最早始于唐代，此后一直延续到宋代，因此以州治命名的窑场也仅限于唐宋两代。近年来，从宣州窑出土的器物和瓷片标本来看，宣州窑被公认为最早起源于唐代中期。东门渡窑是宣州窑发源地之一，位于芜湖县东北面的花桥乡境内，水阳江南岸，与宣州市水阳镇隔江相望。以州府命名的宣州窑还包括泾县的琴溪窑、摇头岭窑和繁昌县的骆冲窑，因每个窑口的黏土不同，时代和工艺也不同，烧制出的器物也有明显的区别。本件唐罐胎体厚重，瓷土采自当地盛产的红色黏土，胎质中含有大小不等的气泡。釉色酱黑并泛有一层浅蓝色的荧光，釉色挂至罐腰，底足为饼型，是典型的东门渡窑烧制。

作为宣州窑早期的唐代四系罐，能保持如此完好的品相实属珍贵。罐底径7厘米，口径8厘米，高22厘米。

96. 元代龙泉窑梅瓶

龙泉窑因在浙江龙泉县，故名，属我国南方青瓷系统。最早创烧于三国两晋，兴盛于宋元，衰于明末清初，生产历史长达1600余年，是中国制瓷史上最长的一个瓷窑系之一。北宋以前受越窑、瓯窑、婺州窑影响，产品基本与其相似。北宋始多粉青色，南宋时呈葱青色，没有开片在器皿转折处，往往露胎处现胎色，瓷釉厚润，装饰上很少刻花而流行贴花、浮雕。宋代时，除汝、官、哥、钧、定窑五大名窑外，龙泉窑与福建的建窑、江西的吉州窑、陕西的耀州窑、河北的磁州窑都能烧出相当好的瓷器，大量销售到海内外。元代龙泉窑比宋代扩大了好几倍，浙江瓯江两岸已发现200多处窑址。元代龙泉窑瓷器的特点是造型大多胎体厚重，胎色为白中带灰或淡黄，釉色粉青泛黄绿，光泽较强，釉层半透明。装饰手法多样，以划花为主，花纹粗略，线条奔放。明代后龙泉青瓷走向衰弱，器物胎体厚重，制作粗糙，胎色灰黄，釉层厚积，透明度高。此件龙泉窑梅瓶胎体厚重，胎色灰黄，釉色青灰，釉层半透明，光泽较强，瓶身有多道拉坯痕迹，呈现出元初蒙古部落统一中原后的粗犷奔放的特色，瓶身也不似元末明初后梅瓶修长的外观。

底足露胎呈褐红色，中心内凹，有多圈弦纹。瓶口径4.5厘米，底径5厘米，高15厘米。

97.清道光青花油灯

据考古资料，早在数十万年前的旧石器时代的北京猿人已经开始将火用于生活之中，而在西周至春秋时期就已经有成型的灯具出现，在史书的记载中，灯具则见于传说中的黄帝时代。具有一定形制的灯的出现，是人类将实用和审美结合的结果，是开启文明的标志。早期的灯类似陶制的盛食器“豆”，故“瓦豆”谓之灯，上盘下座，中间以柱相连，虽然形制简单，却奠立了中国油灯的基本造型。从春秋至两汉，油灯是青铜时代特定的礼器。魏晋南北朝时期，随着青瓷技术的成熟，青瓷灯开始取代了青铜灯；唐宋之后，灯的文化内涵不断丰富，无论是内容还是形式都在变化和发展，灯笼、走马灯、孔明灯等形形色色的灯具照亮了繁华盛世。“青灯”陪伴了无数的书生，“万古分明看简册，一生照耀付文章”。这盏青花油灯灯体硕大，上层的燃油盘口上有三粒“豆尖”，盘口内外绘有卷草纹。最下面的底座盘内画有缠枝牡丹，口沿内是海水纹，沿外绘有如意纹。连接上下盘的圆柱上是缠枝纹，灯柱上面有小孔可盛放燃油灯芯。鸭蛋青的地色匀称淡雅，所绘的青花发色纯正，笔法畅快大气，能保持如此完好实属不易。

底胎圈足内无釉，凹孔朝上近10厘米。燃油盘口7厘米，底座盘口23厘米，底径13厘米，高33厘米。

98.清同治彩瓷脉枕

史载，中国的脉枕自唐代就有，一直沿用至晚清。脉枕是古代中医把脉时放在患者手腕下的工具，用于托垫手腕，探查脉象的变化。脉枕一般体积很小，重量较轻，为的是方便大夫出诊时携带，同时为了兼顾实用与审美的需要，脉枕四周一般都绘有山水、人物或花鸟，观赏性很强。这件脉枕外观呈四方箱形，材质为瓷质，两边留有铜钱气孔，既美观又能防止烧制时爆裂，同时还寓意内蕴财气。四面画有“三娘教子”、书房里的美女、树下赏景的美女、窗内思怀的美女，所有人物均呈“有眼无珠”的同治彩典型画法。每幅画面两边都有红绿两色菱形纹饰，四个铜钱气孔周围也绘有花卉装饰，其中一面有六个支钉烧制痕迹。小巧玲珑，富丽堂皇，透过这只巴掌大的脉枕，让人们感受到中华文化的博大精深。

脉枕因为兼具实用和观赏双重价值，且流传下来艺术品位高的十分稀少，因而颇具收藏价值。脉枕长15厘米，宽12厘米，高5厘米。

99.清嘉庆青花双龙狮纽将军罐

将军罐始见于明嘉靖、万历年间，至清顺治已基本定型，盛行于康、雍两朝。因罐盖宝珠顶形似将军盔帽故得名，其器形一般较为硕大，直口、短颈、丰肩、鼓腹，腹下渐收，平底无釉。此件青花将军罐盖顶为狮纽，呈蹲坐状，短颈上一圈回字纹，丰肩上饰有外凸的四只虎面兽首。腹身四周绘两条腾云驾雾的双角利爪龙，龙颜威猛，龙身矫健，龙爪钢劲，龙身布满细密的鳞片和疏淡的网线都体现了清嘉庆时绘龙的风格，尤其是罐口内外兼修的口沿，都符合这一时期的瓷艺特色。腹身下部一圈海水纹，与罐身上的摩羯纹相呼应，神圣而传奇。摩羯头部似羚羊，身体与尾部如鱼，佛教经典以其比喻菩萨用爱念普照众生，不到圆满成佛终不放弃，又因“摩羯以肉济人”，被视为佛教圣物。浑圆的罐身和紧收的圈底，让整个器形挺拔向上，庄重而霸气。嘉庆是清代瓷器由繁盛走向衰落的一个节点，线条虽已不如前朝康雍时期优美华贵，瓷胎也较乾隆的细润而略显逊色，但其朴拙的外观和特色，形成了这一时代特有的“承上启下”烙印。

圈足无釉，虽略显粗糙，但其内敛外撇的梯形内足，还是表现了嘉庆时的审美特征。罐口径15厘米，底径25厘米，高45厘米。

100.清光绪汪友棠浅绛彩瓷筒

汪友棠，又名汪棣，字柳村，清代学者，安徽黟县人，室名“修竹轩”，擅画山水和花鸟人物。从其传世作品来看，其艺术创作主要是在光绪至民国早期。因是浅绛彩鼻祖程门大弟子，汪友棠在世时即为浅绛彩名家，一些权贵和富商常登门定制浅绛彩瓷，故传世品颇丰。汪友棠浅绛彩瓷大多设色淡雅，山水意境深远，画面诗情画意浓郁，深受世人喜爱。这只瓷筒为扁扇形，正面是一幅浅绛山水，色调清淡，近处有嶙峋的山石和挺拔的松树、翠柏和竹林，临水的房舍内一位高士正在品茗赏景。远处的山峦由近及远，由浓渐淡，辽阔无垠，与左边无色的江水形成鲜明对比。近山的浅绿，远峰的淡蓝，点缀着几抹飞褐，色调清淡雅韵，如诗似画，耐人寻味。画面左上角空白处题写：辛丑（1901年）之秋月，汪友棠写客次。瓷筒左右两侧分别题诗：山花落尽山长在，山峰空涛山自闲。终日看山不厌山，买山终待老山间。

整个瓷筒白地釉色如波光粼粼，是清晚期典型的“水波釉”。口径15×12厘米，宽6厘米，高13.5厘米。

拥壶听雪(跋)

葛 彦

大寒之日，一场久违的雪如约而至，我与爱人相伴在“百壶居”听雪。窗外，雪色如月光清莹，书房外的松枝上落雪吱吱作响，越发觉得空寂……而屋内茶案上，我们焚香、敬佛、煮雪、品茗，似乎把远山湖泊飘来的雪消融在壶中。壶上的雪景题画诗：“溪深难受雪，山冻不流云。”此刻正悄然地沸腾在这壶茶中，抑或沉浸在我们内心深处。

作者与爱人留影于歙县孙府

高山之巅的茶叶，经历了自然风雨的洗礼，当它与一泓清泉在壶中相遇，煮成了一壶甘醇的香茗。我与老曹因文学相识相恋，相遇在一壶乾坤中，爱的足迹遍布天涯海角，那些日日夜夜爱的江河山川，沏泡着我们今生温馨而浪漫的记忆。共同的志趣爱好让我俩相爱相守在同一屋檐下，文学的最高境界是诗，而诗意地栖居是人类终极的追求和梦想。“生活的艺术”让我们幸福地生活在一起，也正契合了林语堂先生倡导的“生活的艺术”，儒释道的仁善和博爱、老庄的淡泊、陶公的闲适，让我们更加懂得观山、看云、赏雪、听雨和藏古鉴今，珍惜已拥有的情缘和恩爱。“百壶居”的生活为我们开启了一道闲适诗意的栖居之门，四季交叠，山川河流，汇聚百壶，正所谓：壶中乾坤，杯里日月。

百壶居处处弥漫着空谷幽兰的清香，沁入心扉令人沉醉。老公近30年的收藏，每把老壶每件文玩都浸染着他的心血和故事，每一件藏品都令他爱不释手。当我们的目光穿越一把把经年累月之手爱抚的珍贵壶具或文玩时，都像是面对一段岁月一位故人，聆听曾经的喜怒哀乐或是风花雪月，仿佛走进时光的隧道，感受到与先贤面对面交流和对话。

老公精心撰写的《百壶居赏玩》，上自西周下至民国约3000年历史的壶具和文玩，文图并茂，脉络清晰，藏品精美，意蕴深邃，文气隽永。每把壶每件文玩都凝聚着华夏古国悠悠历史的多元文化，再现了不同年代、地域人们的审美情趣和人文积淀，它们能历经沧桑岁月完好如初地保留至今，也是一种文明的传承和文化的烙印。受老公的影响，我也爱上了这些古玩艺术品，便从众多的藏品中选择了几把老壶和文玩写生。从与它们相遇的那一刻起，我用水墨去解读它们，从心灵深处去贴近并领悟这岁月之美，让我情不自禁地沉浸在这些温静的时光里。老公说我的画让他收藏的古玩复活再生了，我想将它们垫在书后也能与前面的藏品参照对比，算是为老公的书喝彩助兴吧。老公曾经炽热地爱过诗歌，并极富才情，深厚的文学底蕴，又让他独具慧眼，在收藏这条路上踽踽独行，默默坚守。如今的收藏，又让我们诗意地栖居在一起，相知相守共度人世沧桑。

所谓人生，寥寥几笔，大抵不过如此吧。能与爱人相遇相爱在“百壶居”，酿岁月之河，煮四季风华，啜饮这壶生活美酒，纯净而深情地栖居在百壶居，拥壶听雪，静美无声……

作者与爱人在百壶居

葛彦：笔名荏苒，安徽芜湖人，汉语言文学专业毕业。出身书香世家，祖父葛召棠先生为审判“南京大屠杀”元凶谷寿夫的五大法官之一，繁昌柯冲窑的第一发现人，民国著名书法家，曾与郭沫若、于右任、张大千、齐白石、马公愚、徐悲鸿等诸名家联袂展出。父亲葛文德先生系中国书法家协会会员、安徽省篆刻研究会理事、芜湖市书法家协会名誉主席、国家高级美术师、芜湖书画院专职书法篆刻家。自幼受家庭熏陶，喜爱书画和文学，在父亲的启蒙下与翰墨结下不解之缘。曾在《散文百家》《作家选刊》《青年作家》《安徽文学》《时代文学》《岁月》《美术教育研究》等省内外媒体发表文学和美术作品百余篇(幅)，曾获“第二届中外诗歌散文邀请赛”和“第三届中外诗歌散文邀请赛”一等奖。其作品分别入选《中国时代文艺名家代表作典籍》、《第二届中外诗歌散文精品集》(第二卷)和《芜湖作家散文选》等，并被专业文学杂志选为优秀范文和高中写作素材。现为安徽省作家协会会员、安徽省散文家协会会员。

阿弥陀佛

老眉欢喜乐何如

云想衣裳花想容

将军罐

禅茶一味

青花豆

（以上工笔画均为葛彦所绘“百壶居”藏品）